DESPERTAR
UMA VIDA DE BUDA

Livros do autor publicados pela **L&PM** EDITORES

Anjos da desolação
Big Sur
Cidade pequena, cidade grande
Despertar: uma vida de Buda
Diários de Jack Kerouac (1947-1954)
Geração beat
O livro dos sonhos
On the Road – o manuscrito original
On the Road – Pé na estrada
Satori em Paris
Os subterrâneos
Tristessa
Os vagabundos iluminados
Viajante solitário
Visões de Cody

Leia na Coleção **L&PM** POCKET:

Kerouac – Yves Buin (Série Biografias)
Geração Beat – Claudio Willer (Série **ENCYCLOPAE DIA**)

JACK KEROUAC

DESPERTAR
UMA VIDA DE BUDA

Tradução de Lúcia Brito
Introdução de Robert A.F. Thurman

L&PM EDITORES

Texto de acordo com a nova ortografia.

Título original: *Wake Up: A Life of the Buddha*

Primeira edição na Coleção L&PM POCKET: agosto de 2010

Tradução: Lúcia Brito
Capa: Ivan Pinheiro Machado. *Foto*: iSock
Preparação: Patrícia Yurgel
Revisão: Bianca Pasqualini

CIP-Brasil. Catalogação na publicação
Sindicato Nacional dos Editores de Livros, RJ.

K47d

Kerouac, Jack, 1922-1969
 Despertar: uma vida de Buda / Jack Kerouac; tradução Lúcia Brito; introdução de Robert A.F. Thurman. – Porto Alegre [RS] : L&PM, 2022.
 176 p. ; 21 cm.

 Tradução de: *Wake Up: A Life of the Buddha*
 ISBN 978-65-5666-237-4

 1. Budismo - Biografia. 2. Buda - Doutrinas. I. Brito, Lúcia. II. Thurman, Robert A. F. III. Título.

22-75858   CDD: 294.363
                 CDU: 241

Meri Gleice Rodrigues de Souza - Bibliotecária - CRB-7/6439

Copyright © John Sampas, Literary Representative of the Estate of Jack Kerouac, 2008
Introduction copyright © Robert Thurman

Todos os direitos desta edição reservados a L&PM Editores
Rua Comendador Coruja 314, loja 9 – Floresta – 90.220-180
Porto Alegre – RS – Brasil / Fone: 51.3225.5777

PEDIDOS & DEPTO. COMERCIAL: vendas@lpm.com.br
FALE CONOSCO: info@lpm.com.br
www.lpm.com.br

Impresso no Brasil
Verão de 2022

Introdução

Robert A.F. Thurman*

Que surpresa! Trabalhando nesta introdução, ficou evidente para mim que Jack Kerouac foi o principal bodisatva, nos idos de 1950, entre todos os predecessores americanos. Para introduzir a apresentação de Kerouac sobre Buda Shakyamuni, ficarei apenas no campo pessoal, visto que não sou um estudioso dos beats e sua literatura. Mas a interpretação de Kerouac para "beat", de que significa "beatífico" (que é como gosto de traduzir o *sambhoga* do *sambogha-kaya* de um buda, "corpo beatífico" – sua forma de bem-aventurança celestial, universal), em vez de "surrado" – aqueles que não conseguem aguentar a vida de escravo industrial, com suas produções e seus bancos e suas guerras –, conquistou meu coração na mesma hora. Obviamente isso foi há muito tempo; eu apenas não havia conseguido lembrar até agora.

Sou grato pela oportunidade de escrever esta introdução. Faz quase cinquenta anos que li *Os vagabundos iluminados*. Agora que meu amor por Budadarma – "a realidade do Iluminado", "o ensinamento do Despertador" (para usar as expressões nada más de Kerouac para "Buda") – tornou-se um tanto quanto de conhecimento público, às vezes me perguntam como vim a me interessar pelo assunto. Costumo mencionar aquilo de que me lembrava até agora: que o terreno havia sido semeado pela leitura de *Assim falou Zaratustra*, de Nietzsche, Schopenhauer, Kant, Wittgenstein, Henry Miller, Herman Hesse, Freud, Jung, Wilhelm Reich, Lama Govinda, D.T.

---

* Professor de estudos Budistas Indo-Tibetanos na Universidade de Columbia.

Suzuki, Evans-Wentz e assim por diante. Não me lembrava de Kerouac. Mas percebo agora que, quando li *Os vagabundos iluminados* na adolescência, no final dos anos de 1950, fui exposto à talvez mais precisa, poética e efusiva evocação do coração do budismo disponível naquele tempo. Não quer dizer que seja perfeita, nem que eu seria capaz de dizer se é perfeita ou não – mas é incrivelmente inspiradora, e deve ter afetado profundamente meu eu de dezessete anos em 1958, ano em que foi publicada pela primeira vez e ano em que escapuli da Phillips Exeter Academy em busca de uma revolução.

Desde 1958, talvez desde 1058, o tipo de budismo indiano multifacetado e luxuriante que Kerouac preferia havia retornado ao planeta a partir do Tibete, depois de ficar perdido fora da Ásia Central por mil anos. O veículo universal indiano, o budismo Maaiana e suas instituições universitárias monásticas – vibrantes comunidades de monges conduzidas por sábios científicos, alguns deles peritos exploradores de universos interiores, que acumularam montanhas de textos em vastas "bibliotecas de Alexandria" de vários andares – foram destruídos pelas invasões e ocupações islâmicas persas e turcas do subcontinente indiano, e, além disso, a grande mãe das civilizações foi obscurecida por ondas de invasão, dominação e exploração cristãs europeias.

Não creio que eu tenha lido *On the Road* antes, coisa que fiz para este trabalho, e não creio que teria gostado muito do aspecto de vigarista manhoso de Dean Moriarty, embora minhas caronas e perambulações frenéticas de Nova York à Califórnia iniciadas em 1958 e estendendo-se intermitentemente até 1961 fossem de algum modo semelhantes. Contudo, jamais pulei em um trem de carga e admiro Kerouac por seu conhecimento e coragem para fazer isso.

Uma questão que aparentemente pairou sobre Kerouac é se ele realmente entendia bastante do Darma, como se não fosse de fato genuíno em seu entendimento sobre a iluminação ou coisa assim. Ouviu-se Alan Watts dizer que ele poderia ter tido "alguma carne Zen, mas nenhum osso Zen", referindo-se ao título de uma obra de outro escritor do Zen, o formidável Paul Reps. E Gary Snyder, que passou anos em mosteiros Zen e hoje em dia é uma espécie de mestre Roshi do Zen, bem como poeta, talvez tenha pensado que Kerouac não captou direito a mensagem, embora permanecesse sendo um amigo querido. Não há dúvida de que o trágico vício do álcool, que abreviou sua vida e seu trabalho aos 47 anos de idade, é a evidência de que, fosse qual fosse a iluminação que ele houvesse obtido, era desprovida do estado de buda perfeito, pois budas em geral não bebem até morrer prematuramente, visto que tal coisa não ajuda ninguém, sendo que ajudar é exatamente o que os budas fazem com naturalidade. Mas quem realmente pode reivindicar essa espécie de transmutação física transcendente e essa transmutação mental cósmica? Na vasta literatura psicológica dos budistas, existem muitas análises sobre os vários estágios de iluminação; de acordo com elas, é possível estar iluminado em certo grau e ainda assim ser vítima de defeitos humanos. De fato, uma pessoa torna-se um bodisatva, ou herói da iluminação, ao fazer com sinceridade o voto de se tornar perfeitamente iluminada em alguma vida futura, próxima ou distante, a fim de desenvolver o conhecimento e a capacidade para libertar do sofrimento todos os seres sensíveis. Ou seja: nem todos os bodisatva são entidades celestiais ou divinas. Muitos são humanos, demasiado humanos.

O que pode ter tornado Kerouac menos aceito entre os primeiros budistas da Califórnia – Gary Snyder, Alan Watts e outros – foi não ter ficado tão atraído pela linha Ch'an/Zen, embora adorasse as obras de Han Shan, as meditações poéticas da "montanha gelada" transmitidas por Snyder. Kerouac ficou mais comovido com a linha indiana Maaiana, que emerge tanto da presente obra, a doce história do "lago de luz" da vida de Buda, quanto do livro de notas *Some of the Dharma*, escrito para o querido amigo Allen Ginsberg, que também nos propicia um registro do estudo de Jack.

Kerouac claramente amava o aspecto da compaixão, aquilo que os tibetanos chamam de "linhagem dos feitos magníficos", que descende de Maitreya e Asanga. Ele amava os cães, e eles o amavam. Os tibetanos têm uma tradição, talvez proveniente da famosa história de quando Asanga encontrou Maitreya na forma de um cachorro, de que o futuro Buda Maitreya manifesta-se generosamente na forma de cães, antes de sua encarnação como Buda no futuro distante, a fim de encorajar pessoas deprimidas e assustadas a superarem seus medos e desenvolverem confiança e afeto por outro ser senciente.

É significativo o bilhete que Kerouac escreveu a Gary Snyder na partida deste para o Japão rumo a mais anos de prática Zen, conforme registrado no semificcional *Os vagabundos iluminados*: "QUE VOCÊ POSSA USAR O CORTADOR DE DIAMANTES DO PERDÃO". (Claro que, como *Os vagabundos iluminados* é semificcional, não dá para saber se ele realmente entregou tal bilhete ou apenas desejou fazê-lo; mas dá no mesmo.) O Cortador de Diamantes é um dos sutras do *Prajnaparamita*, os mais elevados sutras Maaianas da sabedoria transcendente, e misericórdia e compaixão foram as facetas da sabedoria da iluminação que mais falaram ao coração cristão-budista de Kerouac, e ele não queria que Gary as perdesse de vista, com seu foco de samurai macho no Zen. Adoro a declaração de Kerouac, mais adiante no romance, quando ele passa o verão em uma cabana de controle de incêndios no Desolation Peak da Cordilheira Skagit, no estado de Washington: "Sempre que eu ouvia o trovão nas montanhas era como o ferro do amor da minha mãe". Ele chamava Buda de o "Jesus da Ásia", considerando-o até mesmo "mais doce que Jesus", e em *Despertar* recorre extensivamente à antologia de Dwight Goddard, *A Buddhist Bible* (sendo cristão, Goddard tendia a enfatizar aspectos do budismo que lembravam sua própria fé). No começo de *Despertar,* Kerouac cita a dedicação de Goddard: "Adoração a Jesus Cristo, o messias do mundo cristão; Adoração a Gautama Sakyamuni, o corpo de aparência de Buda. – UMA PRECE BUDISTA no Mosteiro de Santa Bárbara, escrita por Dwight Goddard." Aqui Kerouac aprova abertamente e de forma igual a adoração de ambos os "salvadores".

A tradição Zen desenvolveu-se no Japão no contexto de uma longa domesticação de séculos de violência samurai dos guerreiros japoneses, de modo que o não ter "ossos Zen" de Kerouac parece uma referência exatamente à sua brandura, sua exaltação da bondade e da gentileza, seu amor pelos cães e o amor destes por ele. Ele também parecia menos incontido sexualmente do que alguns dos outros beats, um pouco tímido e talvez um pouco mais atencioso com as mulheres. Com certeza foi amado, tendo sido um atleta legendário na juventude, um homem verdadeiramente bonito e elegante, um escritor famoso, tratado como celebridade por um certo tempo na década de 1950 e início de 1960. Ele hoje estaria na faixa dos oitenta anos, e teria apreciado muito o "sol nascente do Darma" que se manifesta na América, conforme prometido a mim de forma profética numa manhã de 1964 por meu velho amigo espiritual mongol Geshe Wangyal, após terminarmos de instalar as grandes rodas de oração em bronze do *om mani padme hum* no pórtico do prédio do Labsum Shedrub Ling (mosteiro budista lamaísta), construído em Freewood Acres, New Jersey.

Kerouac foi criado como católico. Sua família era profundamente católica e parece que desconfiava do seu envolvimento com Buda e com o budismo. Os muitos intérpretes e críticos de

Kerouac parecem insistir que ele permaneceu católico, e ele com certeza possuía forte apego a Jesus e Maria. Não há dúvida de que ele amava tanto Jesus quanto Buda. A maioria dos estudiosos sustenta que Kerouac era "realmente" cristão por completo e que seu budismo era uma espécie de interesse secundário. Sendo eu mesmo um apóstata protestante, notei que os americanos do tipo culto ainda ficam desconfortáveis em relação ao budismo, perplexos, e mesmo artistas com enorme dívida para com o budismo ou "o Oriente" relutam em reconhecer esse débito, a não ser talvez em uma fase tardia de suas carreiras.

Nesse contexto, temos de considerar por que as pessoas tendem a pensar que o amor de Kerouac por Jesus e pelo cristianismo espiritual (não pelo tipo de cristianismo de igreja, tão pesadamente comprometido pelo dogma) implica que ele não entendia nem apreciava o budismo (tivesse ele conhecido melhor suas várias formas institucionalizadas, sem dúvida teria insistido em uma forma de budismo espiritual não dominada pela igreja). Por que precisamos reavaliar a relação entre budismo e cristianismo?

Os budistas maaianas gostam de abraçar o cristianismo como plenamente ressonante com seu propósito mais profundo. Os cristãos com frequência recuam desse abraço e enfatizam sua diferença e, claro, sua singularidade. Não há dúvida de que a existência de um deus criador absoluto, onipotente ainda que compassivo, não é crível por qualquer budista instruído. Dito isso, deuses criativos, relacionados entre si e bastante poderosos, são plenamente aceitos e são uma parte importante da história de Buda, embora não sejam necessariamente considerados mais iluminados do que a maioria dos humanos. Os deuses de muitos níveis e reinos celestiais presentes na cosmologia budista são imensamente poderosos e inteligentes, profundamente absortos em ciclos inimagináveis e bastante longos de profuso prazer, razão pela qual considera-se que correm o risco de pensar que não há nada de errado com o ciclo de vida centrado no ego e que eles são o centro do universo – a exata definição da ignorância cósmica ou do conhecimento equivocado que é a raiz do sofrimento ininterrupto da vida não iluminada.

Mas além dessa diferença metafísica sobre o status de Deus ou dos deuses, o budismo Maaiana e o cristianismo, separados, surgem de um único oceano bem navegado na mesma época da história eurasiana, e nele se espraiam. Foi num tempo em que impérios estáveis e universais geraram uma nova forma de reinado imperial mais zelosa, mais paternal; num tempo em que a divindade foi reimaginada e passou a equilibrar seus aspectos mais terríveis com o interesse amoroso pelos indivíduos, tão bem representado por salvadores celestiais bodisatvas, como Avalokisteshvara e Tara, e por salvadores messiânicos, como Jesus e a Virgem Maria.

A vida e os principais ensinamentos de Jesus, embora embutidos na metafísica e apresentados no âmbito da cultura de um temível e onipotente criador, poderiam ter sido os de um "grande adepto" (mahasiddha) budista itinerante. Sua mensagem central era a mesma do budismo Maaiana: o amor e a compaixão divinos são a energia essencial e mais poderosa do universo. A provocação de Jesus aos governantes opressores e o desafio para que o mandassem à morte de fato serviram exatamente para mostrar que não lograriam sucesso, indicando assim a supremacia daquele amor. Ele provou isso para a alegria de seus seguidores milênios a fio ao demonstrar a capacidade de superar a morte e a violência, provando que seu corpo amoroso podia erguer-se mesmo da mais cruel crucificação como uma fonte de vida eterna que vivia luminosamente além de qualquer corporificação específica. O ensinamento sobre reencarnação, a "transmigração da alma", comum em sua época e cultura (banido apenas dois séculos e meio depois, por ordem do imperador Constantino), tornou esse tipo de feito, semelhante aos dos adeptos, plausível para seus discípulos e predecessores, com poucas exceções.

Existem muitas histórias sobre os grandes adeptos da Índia antiga. O próprio Buda acalmou, com sua simples e gentil presença, um elefante selvagem enfurecido que havia sido enviado para matá-lo pelo rei parricida de Magadha. O jovem monge que converteu o imperador Ashoka de modelo de crueldade a patrono da nobre comunidade (a Sangha, que Kerouac chamou de "Igreja") capturou a atenção do imperador ao levitar suspenso em uma bolha fresca de energia sobre as chamas ardentes de um caldeirão de óleo fervente. Nagarjuna, o alquimista iluminado, possuía o segredo da imortalidade e viveu seiscentos anos. O adepto Naropa foi jogado na fogueira com sua consorte, e ambos permaneceram ilesos em meio às chamas. A Índia era abundante em narrativas (o pessoal moderno vai pensar em "lendas", o que está muito bem) de sábios sagrados que demonstraram a prevalência do amor sobre a morte.

Então há os evangelhos: as bem-aventuranças de Jesus, seus extraordinários ensinamentos sobre a não violência, oferecer a outra face aos golpes do inimigo, dar o manto quando sua camisa lhe é exigida, ir além de amar os amigos e parentes e aprender a amar os inimigos, e a injunção central de amar o próximo como a si mesmo. Esses ensinamentos são totalmente consonantes com a ética budista de não violência, e estão de acordo de forma poderosa com a ênfase Maaiana messiânica no altruísmo, na tolerância heroica, no amor e na compaixão. Em termos de sabedoria, as afirmações de Jesus de que o reino de Deus jaz dentro de cada um de nós são plenamente compatíveis com a visão budista da natureza búdica em todos os seres, ou a famosa declaração de Nagarjuna sobre a não dualidade, de que a realidade mais profunda é a derradeira vacuidade, o ventre da compaixão relacional (*shunyatakarunagarbham*). E a poderosa declaração de Jesus para a hierarquia sacerdotal legalista que ele enfrentou – "Eu sou o caminho, a luz e a verdade!" – pode ser entendida não como algo que ditasse exclusivismo religioso de uma igreja ou fé específicas e intolerância furiosa às outras, mas sim como insistência pelo exemplo vivo, de que a divindade e a salvação de cada pessoa residem dentro dela mesma como indivíduo, e não na associação a alguma denominação ou instituição.

Os feitos de São Tomé na região de Kerala, na Índia, são muito semelhantes àqueles de qualquer monge e pregador budista itinerante. A edição dos Evangelhos pelo Conselho de Niceia, em especial a excisão do Evangelho de São Tomé, entre outros; o banimento da doutrina budista ou indiana da transmigração das almas, que foi defendida até mesmo pelo semimartirizado Origen; e a transformação do cristianismo em uma ferramenta do Estado romano por Constantino – tudo isso obscurece a conexão Cristo-Buda; não obstante, ela foi percebida por Mani e outros daquela época. O professor Thomas McEvilley menciona "escritores cristãos antigos dos séculos III e IV, como Hipólito e Epifânio", que escreveram sobre um homem chamado Scythianus, que levou da Índia para Alexandria "a doutrina dos Dois Princípios", por volta do ano 50. De acordo com eles, Terebinthus, pupilo de Scythianus, apresentava-se como um "buda" e foi para a Palestina e para a Judeia, onde se encontrou com os apóstolos, que aparentemente o condenaram. Ele então instalou-se na Babilônia, onde transmitiu seus ensinamentos para Mani, que fundou o que se poderia chamar de budismo-cristão sincretista persa, conhecido como maniqueísmo, religião de Agostinho de Hipona na juventude, que mais tarde a renegou.

Assim, o budismo Maaiana e o cristianismo possuem "semelhanças de família" muito fortes, a despeito da insistência dos cristãos de que seus ensinamentos são sui generis e vêm apenas de Deus, sem nenhuma conexão com qualquer outro movimento do planeta. É provável que Kerouac entendesse as dimensões mais profundas e mais amplas do budismo Maaiana melhor do que muitos – tanto aqueles que, como eu, estavam fortemente motivados a se libertar de sua base cristã, quanto os que estavam recebendo conhecimento pelo prisma das culturas chinesa e japonesa do leste asiático, e em especial através da conexão Ch'an/Zen, segundo a qual são enfatizados a meditação e o "não pensar" implacável dos samurais.

Mais importante é examinar o entendimento pessoal de Kerouac sobre a iluminação, que ele parece presumir que seja a experiência da unicidade de todas as coisas, ainda que leve em conta também a persistência do engajamento em favor de uma relatividade transformada. Embora com frequência mencione o nada e até mesmo coisa-nenhuma, ele se recusa a reificar qualquer tipo de desaparecimento, e muita vezes fala da "sagrada vacuidade" e não do nada, e enfatiza que "vacuidade é forma" tanto quanto "forma é vacuidade". Ele provocou minha admiração ao se referir ao "ventre do Tathagata", e parece confortável no reino profundo que Nagarjuna chama de *shunyatakarunagarbham*, "vacuidade, o ventre da compaixão". Ele oferece muitos relatos de suas experiências pessoais em meditação (conhece todos os termos originais: *diana, samádi, samapatti*) perto do final de *Some of the Dharma*. Mas a seguinte passagem de *Os vagabundos iluminados* é a que eu prefiro citar:

> Por que é que eu me importava com o chiado do pequeno euzinho que vagava por todos os lados? Eu atuava no campo da inspiração, isolamento, corte, expiração, exibição, decepção, desacontecimento, fim, finalização, elo cortado, nada, elo, seilá, acabou! "A poeira dos meus pensamentos guardada em um

globo", pensei, "nesta solidão atemporal", pensei, e sorri de verdade porque estava vendo a luz branca em tudo em todos os lugares afinal.

O vento quente fez com que os pinheiros falassem profundamente certa noite quando comecei a experimentar o que chamamos de "Samapatti", que em sânscrito significa Visitas Transcendentais. Eu tinha ficado com a mente um tanto zonza mas de algum modo estava fisicamente absolutamente desperto sentado em riste sob minha árvore quando de repente vi flores, mundos cor-de-rosa rodeados de muros de flores, cor-de-rosa salmão, no Shh do bosque silencioso (obter o nirvana é como localizar o silêncio) e tive uma visão antiga de Buda Dipankara que também foi Buda que nunca disse nada, Dipankara como uma vasta Pirâmide de Buda coberta de neve, com sobrancelhas loucas pretas e cheias como as de John L. Lewis e um olhar terrível, tudo em um lugar antigo, em um campo nevado ancestral como Alban ("Um campo novo!", berrara a pregadora negra), aquela visão toda fez meus pelos se arrepiarem. Lembro-me do grito final mágico e estranho que aquilo evocou em mim, seja qual for seu significado: Colialcor. Aquilo, a visão, era desprovida de qualquer sensação de eu ser eu mesmo, era a sensação pura do não ego, simplesmente atividades etéreas e loucas desprovidas de qualquer predicado errado... desprovidas de esforço, desprovidas de erro. "Tudo está bem", pensei. "A forma é o vazio e o vazio é a forma e estamos aqui para sempre em uma forma ou outra que é o vazio. A realização dos mortos, esta calmaria farta da Terra Puramente Desperta."

Senti vontade de gritar sobre os bosques e os telhados da Carolina do Norte para anunciar a verdade gloriosa e simples. Então disse: "Tenho a minha mochila cheia e já é primavera, vou em direção ao sudoeste para a região seca, para a extensa região solitária do Texas e de Chihuahua e as ruas alegres da noite do México, música saindo das portas, garotas, vinho, maconha, chapéus malucos, viva! Que diferença faz? Como as formigas que não têm nada a fazer além de ficar cavando o dia inteiro, eu não tenho nada a fazer além daquilo que tiver vontade e ser gentil e continuar, ainda assim, influenciado por julgamentos imaginários e rezar pela luz". Sentado no meu gazebo de Buda, portanto, naquele muro "colialcor" de flores cor-de-rosa e vermelhas e branco-marfim "colialcor", entre aviários de pássaros mágicos e transcendentais que reconhecem minha mente desperta com doces e estranhos trinados (a cotovia sem rumo), no perfume etéreo, misteriosamente ancestral, a beatitude dos campos de Buda, percebi que minha vida era uma vasta página brilhante e vazia e que eu podia fazer qualquer coisa que desejasse.

Por certo "colialcor" é um mistério – me faz lembrar de *Koorookoolleh*, o nome da deusa bodisatva vermelho-rubi que é o arquétipo da compaixão apaixonada. Ela paira em uma pose de dança, nua em pelo, exceto por guirlandas de flores, e segura um arco de flor com corda de abelha, lançando flechas de flores para abrir o coração dos seres. Mas não estou dizendo que seja isso que a espantosa palavra de Kerouac realmente signifique. Talvez seja o nome do "campo de buda" que ele criará no dia em que aperfeiçoar seu "navio-despertador". D. T. Suzuki era engraçado. Quando, ao encontrá-lo, Jack supostamente perguntou se poderia ficar com ele para sempre, o mestre respondeu: "Um dia". Sempre se pode ter uma noção de como alguém realmente se sente pelo modo como explica a iluminação e os ensinamentos básicos de Buda. A única nota discordante na experiência dele é: "Não tenho nada para fazer, mas faço o que quero", o que evidencia um traço de "no fim das contas nada importa", de um entendimento meio niilista e equivocado da vacuidade e talvez o cerne da incapacidade de Kerouac de levar o alcoolismo a sério o bastante para se livrar dele e preservar a si mesmo e seu talento para nosso benefício por um período maior do que só até 1969. Felizmente, Kerouac vai em frente e diz: "e ser gentil e continuar, ainda assim, influenciado por julgamentos imaginários e rezar pela luz ", o que evidencia seu instinto mais profundo de que a não dualidade da vacuidade e da forma, o nirvana e o samsara, determina que a pessoa livre permaneça causalmente comprometida com a melhoria das condições dos outros no mundo relativo ilusório e irreal.

Despertar em si

Que bacana ler *Despertar*, a visão de Kerouac sobre a vida de Shakyamuni, a emanação suprema de Buda de nossa era! O estilo longo, torrencial, torna o livro majestoso e faz dele algo que se absorve em uma sentada, como uma sinfonia, culminando de certa forma na visão da marcha heroica do *Shurangama Sutra*, do mundo dissolvendo-se no samádi de diamante, e vendo o Tathagata Buda ("O Desperto Assim--Ido") a flutuar no universo de pétala de flor além do corpo e do sistema de sete elementos: terra, água, fogo, vento, espaço, percepção, consciência. *Despertar* tem um sabor básico da não dualidade naquele trecho, mas então volta para a visão budista dualista mais convencional na hora do parinirvana ("nirvana final"), tratando-o como o sono sem sonho da extinção, visto que Kerouac não teve a seu dispor o refinado paradoxo da revelação final de Buda, de sua presença eterna no momento de seu desaparecimento final como um corpo distinto, conforme revelado nos sutras do Lótus e no *Mahaparinirvana*.

Despertar foi escrito durante a primeira metade de 1955. Em janeiro daquele ano, Kerouac havia se mudado com a mãe de Richmond Hill, em Nova York, para a casa da irmã Nin, que vivia em Rocky Mount, na Carolina do Norte. Longe da vida agitada de Nova York, Kerouac teve condições de mergulhar na ideia de levar uma vida ascética na tradição de Buda – sentava-se sozinho por horas, meditando sob as estrelas límpidas da noite. A página de título do manuscrito concluído diz "*Despertar* Preparado por Jack Kerouac", mas nem sempre esse foi o título do livro. Originalmente chamado "Sua mente essencial: a história de Buda", Kerouac também se referiu a ele várias vezes como "meu manual budista", "Buda diz" e "Estado de Buda: a essência da realidade".

Kerouac não tenta esconder o uso copioso de suas fontes, assinalando no começo, na Nota do Autor: "Não há jeito de separar e nomear as incontáveis fontes que jorraram para este lago de luz... O coração do livro é um <u>précis</u> ornamentado do poderoso Surangama Sutra." (O primeiro "s" do nome deveria ser escrito "sh" para ficar foneticamente acurado sem um sinal diacrítico.) "Projetei este livro para ser um manual para o entendimento ocidental da antiga lei." (Ele usa "lei" para "Darma" como os tradutores antigos, o que não está errado no geral, mas é inexato nesse contexto; deveria ser "verdade" ou "ensinamento".) "O propósito é converter." (Aqui Kerouac por certo não quer alistar as pessoas em qualquer denominação budista formal, mas sim convertê-las ao propósito essencial da vida, à grandiosa visão de sabedoria da divindade interior, e ao amor e à bondade naturais nos relacionamentos.)

Kerouac também recorre fartamente às fontes em páli sobre a vida de Buda, antigas na forma oral mas que só foram registradas por escrito no século V, e ao poema biográfico do século II *Buddhacharita,* do grande Asvaghosha. Ele tende a misturar alguns detalhes das várias versões da vida de Buda, convencionalmente datada de 563-482 a.C. (embora os tibetanos datem-na no século IX a.C. e eruditos europeus recentes a tenham deslocado para o século IV a.C.). Não vou me preocupar com tais detalhes, mas apenas ressaltar alguns aspectos do texto que considero particularmente belos.

No início do livro, Kerouac diz: "Buda significa o desperto. Até recentemente a maioria das pessoas pensava em Buda como uma figura rococó grande e gorda sentada com a barriga de fora, rindo, conforme representado em milhões de bugigangas para turistas e estatuetas de lojas baratas aqui no mundo ocidental. (...) Esse homem não era um tipo folgazão de aspecto relaxado, mas um profeta sério e trágico, o Jesus Cristo da Índia e de quase toda a Ásia. Os seguidores da religião que ele fundou, o budismo, a religião do grande despertar do sonho da existência, somam centenas de milhões hoje em dia." Não estou muito certo sobre por que Kerouac achava Buda "trágico" em vez de triunfante, como de fato ele parecia sentir na visão que reconta no trecho citado de *Os vagabundos iluminados*. Talvez por causa da primeira nobre verdade de Buda, segundo a qual a "vida não iluminada está fadada a ser frustrante, e assim toda de sofrimento". Quando Kerouac diz que Buda era "o Jesus Cristo da Índia e de quase toda a Ásia", repete sua apostasia do catolicismo ortodoxo ao colocar os dois no mesmo nível.

Poucas páginas adiante, Kerouac mostra sua percepção dos "quatro reinos da não forma" e o fato de que nenhum deles é nirvana: "Alara Kalama [o primeiro professor asceta do jovem Buda Sidarta] explicava o ensinamento chamado 'o reino do nada' e praticava automortificação para provar que estava livre do corpo". Isso é especialmente significativo, visto que quase todos tradutores e eruditos da década de 1950 pensavam que "vacuidade" e "nada" fossem a mesma coisa, e assim difundiram a concepção equivocada de que os budistas no fim das contas eram niilistas. Kerouac revela aqui seu conhecimento da diferença.

Kerouac evidencia sua visão realista e pressagia seu eventual "samapatti", explicando com exatidão como Sidarta criticou a teoria da "superalma" *(paramatma)* dos brâmanes: "A Arada Udarama [seu outro professor asceta na ocasião] ele perguntou: 'A respeito de velhice, doença e morte, como se pode escapar dessas coisas?' O eremita respondeu que logo depois de tornar-se o 'eu' puro, haveria a verdadeira liberação. Esse era o antigo ensinamento que propunha a alma imortal, 'purusha', atman, a superalma que ia de vida em vida ficando mais e mais ou menos e menos pura, sendo a meta final o estado de alma pura no céu. Mas a sagrada inteligência de Gautama percebeu que 'purusha' não passava de uma bola quicando por aí de acordo com circunstâncias concomitantes, fosse no céu, no inferno ou na terra, e que, enquanto a pessoa mantivesse essa visão, não haveria fuga perfeita do nascimento e da destruição do nascimento. O nascimento de qualquer coisa significa a morte dessa coisa: e isso é decadência, isso é horror, mudança, isso é dor."

Kerouac avança na narrativa, antecipando a última visão: "Aproximando-se agora de seu momento de (...) compaixão o jovem santo viu todas as coisas, homens sentados em bosques, árvores, céu, diferentes visões sobre a alma, diferentes eus, como uma única vacuidade unificada no ar, uma flor imaginária, cujo significado era unidade e indivisibilidade, tudo da mesma matéria de sonho, universal e secretamente pura". Aqui ele expressa a não dualidade Maaiana, embora ainda esteja usando fontes do Theravada: "Ele viu que a existência era como a luz de uma vela: a luz da vela e a extinção da luz da vela eram a mesma coisa. (...) Gautama viu a paz do nirvana de Buda. Nirvana significa apagado, como uma vela. Mas porque o nirvana de Buda está além da existência e não concebe a existência, e tampouco a não existência da luz de uma vela, ou de uma alma imortal, ou de qualquer coisa, não é nem mesmo nirvana, tampouco é a luz da vela conhecida como sangsara (este mundo), nem a extinção apagada da luz da vela conhecida como nirvana (o não mundo), mas despertar além dessas concepções estabelecidas de forma arbitrária." Fico estupefato e espantado com a elucidação de Kerouac da não dualidade profunda nesse contexto.

A descrição da iluminação de Buda em *Despertar* é especialmente comovente, muito majestosa e perceptiva. É longa demais para citar aqui na íntegra. Kerouac alterna entre a citação de fontes em páli e seus "ornamentos". Vou pegar umas poucas passagens.

O eremita abençoado foi para Budhgaya. No mesmo instante foi possuído pelo antigo sonho dos budas de outrora ao fitar os nobres bosques de palmeiras e mangueiras e <u>ficus religiosa</u>; na tarde ondulante ele passou por baixo de seus galhos, solitário e estonteado, ainda que com um arrebatamento de premonição em seu coração de que algo grandioso estava prestes a acontecer ali (...) redescobrindo o antigo e perdido caminho do Tathagata (Ele do Estado da Talidade); re-revelando a gota de orvalho primordial do mundo; como o cisne da piedade passando pelo tanque do lótus, e, ao se acomodar, grande alegria tomou conta dele à vista da árvore sob a qual escolheu sentar-se como que em conformidade com todas as terras de buda e coisas de buda reunidas que são coisa-nenhuma na vacuidade da intuição cintilante por toda parte, como enxames de anjos e bodisatvas em densidade semelhante a mariposas irradiando-se infinitamente rumo ao centro do vazio em ADORAÇÃO. "Todo lugar é aqui", intuiu o santo. (...) "NÃO VOU LEVANTAR DESTE LUGAR", decidiu consigo mesmo, "ATÉ QUE, LIVRE DO APEGO, MINHA MENTE ATINJA A LIBERAÇÃO DE TODA DOR."

Muitas palavras foram escritas sobre esse momento sagrado no agora famoso local embaixo da árvore bodhi, ou árvore da sabedoria. Não foi uma agonia no jardim, foi uma bem-aventurança debaixo da árvore. (Aqui está a comparação de Kerouac com Cristo.) Não foi a ressurreição de nada, mas a aniquilação de todas as coisas. (Ele desliza para o dualismo de relativo-absoluto do Theravada.) Veio a Buda naquelas horas a compreensão de que todas as coisas vêm de uma causa e vão para a dissolução, e portanto todas as coisas são impermanentes, todas as coisas são infelizes e, por conseguinte e mais misterioso, todas as coisas são irreais. (Eis aqui a apreensão de Kerouac do insight budista essencial da causação: ele mais adiante chega ao famoso verso, o mantra-chave de todo o budismo.)

      Ao cair da noite ele repousou em paz e quietude. Entrou em uma contemplação profunda e sutil. Todo tipo de êxtase sagrado passou em sequência diante de seus olhos. Durante a primeira vigília da noite ele entrou na "percepção correta", e a recordação de todos os nascimentos anteriores passou diante de seus olhos. (...) Sabendo muito bem que a essência da existência é a talidade, qual nascimento poderia não ser lembrança de sua essência da mente luminosa, misteriosa, intuitiva? Como se ele tivesse sido todas as coisas, e apenas porque nunca tinha havido um verdadeiro "ele", mas todas as coisas, e assim todas as coisas eram a mesma coisa, e estavam dentro da esfera da mente universal, que era o passado, presente e futuro da apenas mente. (...) Havia sido um longo tempo já acabado, o antigo sonho da vida, as lágrimas de tristeza de muitas mães, as miríades de pais mortos, eternidades de tardes perdidas de irmãs e irmãos, o canto indolente do galo, a caverna de insetos, o instinto lamentável totalmente consumido na vacuidade, a enorme sensação sonolenta de era dourada que se abriu em sua cabeça, de que esse conhecimento era mais velho que o mundo. (...) Nos ouvidos de Buda, enquanto ele estava assim sentado em brilhante e efervescente ofício de intuição, de modo que a luz como leite transcendental ofuscava a obscuridade invisível de suas pálpebras fechadas, ouviu-se o puro silêncio invariável do mar suspirante da audição, agitando-se, recuando, enquanto ele mais ou menos recordava a consciência do som, embora o som em si fosse sempre o mesmo e constante, apenas a consciência dele variava e recuava, como os baixios da maré vazante e a água salgada chiando e afundando na areia, o som não fora tampouco dentro do ouvido mas por toda parte, o mar puro da audição, o som transcendental do nirvana ouvido por crianças em manjedouras e na lua e no coração de tempestades uivantes, e no qual o jovem Buda ouvia agora um ensinamento prosseguindo, uma incessante instrução sábia e clara de todos os budas de outrora que tinham vindo antes dele e todos os budas por vir. Sob o uivo distante do grilo ruídos ocasionais como o pipilar involuntário de pássaros adormecidos de sonho, ou as correrias de ratinhos silvestres, ou uma vasta brisa nas árvores perturbavam a paz dessa audição, mas os ruídos eram meramente acidentais, a audição recebia todos os ruídos e acasos em seu mar, mas permanecia imperturbada como sempre, verdadeiramente intocada, nem reabastecida nem tampouco diminuída, tão autopura quanto o espaço vazio. Sob as estrelas resplandecentes, o rei da lei, envolvido na tranquilidade divina desse som transcendental do êxtase do diamante, repousou imóvel.

Então, na vigília do meio da noite, ele alcançou o conhecimento dos anjos puros e contemplou cada criatura diante de si como alguém que vê imagens em um espelho; todas as criaturas nascem e nascem de novo para morrer, nobres e plebeus, pobres e ricos, colhendo o fruto da ação boa ou má e compartilhando de felicidade ou desgraça como consequência. (...) O nevoeiro das três da madrugada ergueu-se com todas as dores do mundo. (...) O nascimento de corpos é a causa direta da morte de corpos. Da mesma forma, o plantio da semente foi a causa da rosa jogada fora.

Então, olhando mais adiante: de onde vem o nascimento? Ele viu que vinha de atos de vida cometidos em outro lugar; esquadrinhando então essas ações, viu que não eram delimitadas por um criador, nem autocausadas, nem existências pessoais, nem tampouco eram não causadas; viu que elas obtinham juntas uma cadeia adicional de causas, causa sobre causa, elos concatenantes juntando os grilhões, unindo tudo que é forma – pobre forma, mera poeira e dor.

Então, assim como alguém que quebra a primeira junta de bambu acha fácil desmembrar todo o resto, tendo discernido a causa da morte como o nascimento e a causa do nascimento como as ações, ele passou a ver a verdade gradativamente: a morte vem do nascimento, o nascimento vem das ações, as ações vêm do apego, o apego vem do desejo, o desejo vem da percepção, a percepção vem da sensação, a sensação vem dos seis órgãos dos sentidos, os seis órgãos dos sentidos vêm da individualidade, a individualidade vem da consciência. [Aqui Kerouac desvia-se para os importantíssimos doze elos da origem dependente]... Nele, assim liberto, surgiram o conhecimento e a liberdade, e ele soube que o renascimento estava no fim, e que a meta havia sido atingida.

Kerouac prossegue listando as quatro nobres verdades e o caminho óctuplo. Então ele apresenta uma visão mais Maaiana:

> E, enquanto estava lá sentado resplandecente em toda sabedoria, perfeito em dons, ele soube que o caminho do conhecimento perfeito havia sido legado a ele pelos inumeráveis budas de outrora que vieram antes de todas as dez direções de todos os dez quadrantes do universo, onde ele agora os via em uma poderosa visão reunidos em luminosidade e poder, sentados em seus tronos intrínsecos nas gloriosas flores de lótus por toda parte através dos fenômenos e do espaço e para sempre respondendo às necessidades de toda vida senciente em todos os reinos da existência, passado, presente e futuro.
> Com o discernimento das grandiosas verdades e sua realização em vida, o rishi tornou-se iluminado; atingiu assim sambodhi (sabedoria perfeita) e se tornou um buda. Corretamente sambodhi foi nomeado; (...) pode ser alcançado apenas por esforço pessoal, sem o auxílio externo de um professor ou deus. (...) Os raios de sol matinais brilharam na aurora; dissipando-se, a névoa de aspecto poeirento desapareceu. A lua e as estrelas empalideceram sua luz tênue, todas as barreiras da noite foram removidas. Ele havia terminado essa primeira grande lição e a lição final e a lição de outrora; entrando na casa

do grande rishi do sono sem sonhos, fixo em transe sagrado, ele havia alcançado a fonte da verdade inexaurível, a felicidade que nunca acaba e que não teve começo, mas que sempre esteve ali dentro da mente verdadeira.

Não foi pelo uso ansioso de meios externos que Buda desvendou a mente verdadeira e pôs fim ao sofrimento, mas por repousar calmamente em silêncio pensativo. Esse é o fato supremo do repouso abençoado.

Ele era <u>sihibhuto</u>, o acalmado.

Lá pela quarta parte do livro, Kerouac descreve o triunfo de Buda como professor do mundo:

> Assim o Tathagata, Ele-que-Atingiu-a-Talidade-da-Mente e não vê mais diferença entre as várias criaturas e fenômenos, que não nutre mais concepções definidas de eu, outros eus, muitos eus separados, ou um eu universal indiviso, para quem o mundo não é mais digno de nota, exceto como uma aparição lamentável, contudo sem concepção arbitrária de sua existência ou inexistência, pois pensa não em medir a substancialidade de um sonho, mas apenas em despertar dele; assim o Tathagata, respeitosamente composto e calado, radiante de glória, irradiando luz em redor, ergueu-se de debaixo da árvore da iluminação e com dignidade ímpar avançou sozinho sobre a terra de aspecto de sonho como se cercado por uma multidão de seguidores, pensando: "Para cumprir meu antigo juramento, para resgatar todos os ainda não liberados, seguirei meu antigo voto. Deixe que aqueles que têm ouvidos escutem o mestre do nobre caminho da salvação."

Algumas páginas adiante, temos uma pista a respeito de onde Kerouac tirou seu título: "Pois para esses antigos monges, Buda, percebendo claramente o nascimento como causa da morte e os atos de luxúria como causa do nascimento, era como alguém parado na margem chamando o homem mundano à deriva na corrente: 'Ei, você aí! Desperte! O rio em seu sonho pode parecer agradável, mas abaixo há um lago com corredeiras e crocodilos, o rio é o desejo maligno, o lago é a vida sensual, suas ondas são a raiva, suas corredeiras são a luxúria, e os crocodilos são as mulheres."

Kerouac aloja-se no mantra-chave, nas palavras do discípulo Ashvajit: "Quaisquer coisas que procedam de uma causa, delas Buda estabeleceu a causa e qual é sua dissolução. Isso é o que ensina o grande." *Om ye dharmah hetusvabhavah hetun tesham tathagata hi avadat tesham cha yo nirodho evam vadi mahashramanah.*

Kerouac também toca na eventual felicidade de Suddhodana, o pai de Buda, e aqui posso imaginar sua fantasia de reconciliação com o pai, Leo, que nunca aconteceu realmente, conforme interpreto a partir dos estudiosos: "Tendo ouvido do filho sobre como desprender-se do medo e escapar dos caminhos nocivos do nascimento, e de maneira tão digna e terna, o rei deixou sua propriedade real e país e adentrou nos calmos fluxos de pensamentos, o portão da verdadeira lei da eternidade. Em doce meditação, Suddhodana bebeu orvalho. À noite, lembrando de seu filho com orgulho, ele olhou para as estrelas infinitas e de súbito compreendeu: 'Como fico alegre por estar vivo para reverenciar este universo estrelado!', e então: 'Mas não se trata de estar vivo, e o universo estrelado não é necessariamente o universo estrelado', e ele percebeu a completa estranheza e não obstante a trivialidade da sabedoria insuperável de Buda."

Ali pela terça parte de *Despertar,* Kerouac descreve Buda como o supremo "vagabundo do Darma" em uma passagem inacreditavelmente brilhante que me sinto compelido a repetir:

> Buda aceitava tanto comida boa quanto ruim, o que quer que aparecesse, de ricos ou pobres, sem distinção, e, tendo

enchido seu prato de esmolar, então voltava para a solidão, onde meditava em sua prece pela emancipação do mundo do desgosto bestial e das incessantes ações sangrentas de morte e nascimento, morte e nascimento, das ignorantes guerras rangentes e clamorosas, da matança de cachorros, das histórias, asneiras, pai batendo no filho, criança atormentando criança, amante arruinando amante, ladrão atacando sovina, palermas sanguinários olhando de esguelha, petulantes, loucos, dementes, gemendo por mais luxúria sangrenta, bêbados completos, simplórios correndo para cima e para baixo entre sepulturas de sua própria autoria, sorrindo afetados por toda parte, meros <u>tsorises</u> e estalos de sonho, uma besta monstruosa despejando formas de uma pletora central, tudo enterrado em escuridão insondável crocitando pela esperança otimista de que só pode haver extinção completa, de base inocente e sem qualquer vestígio de qualquer natureza do eu que seja; pois, caso fossem removidas as causas e condições da insanidade ignorante do mundo, a natureza de sua não ignorância não insana seria revelada, como o filho da madrugada entrando no céu através da manhã no lago da mente, a mente pura, verdadeira, a fonte, essência original perfeita, a radiância do vácuo vazio, divina por natureza, a única realidade, imaculada, universal, eterna, cem por cento mental, sobre a qual é gravada toda essa escuridão cheia de sonho, sobre a qual essas formas corpóreas irreais aparecem pelo que parece um momento e então desaparecem pelo que parece a eternidade.

Na metade do livro, Kerouac recita seu refrão: "Por toda parte tudo é para sempre vazio, despertem! A mente é tola e limitada para tomar esses sentidos, adversidades insignificantes em um sonho, como realidade; como se as profundezas do oceano fossem movidas pelo vento que agita as ondas. E esse vento é a ignorância." E mais adiante: "Tudo está acontecendo em sua mente, como um sonho. Tão logo você desperta e para de sonhar, sua mente retorna à vacuidade e pureza originais.

Na verdade, sua mente já retornou à vacuidade e pureza originais, e este mundo não passa de uma sombra vacilante. Por que você ainda esquece com tanta facilidade da mente de pureza perfeita natural, maravilhosa – dessa misteriosa mente de luminosidade radiante?" (Isso parece uma mistura de citações do *Shurangama Sutra*.)

Então ele vai ao verdadeiro coração do sutra:

"Olhe com atenção! Perscrute através da aparência das coisas e você verá apenas o grande coração de compaixão de todos os budas de outrora para além da crença. Isso é <u>yathabhutam</u>, a visão verdadeira das coisas. (...) Contudo, as pessoas do mundo, gigantes espectrais dentro da mente, ignorantes do princípio que governa sua própria existência, ficam aturdidas nos emaranhados de causas e condições e naturalismo, pensam que a terra ostenta sinais de uma natureza própria inerente e a chamam de 'natural' e 'mãe natureza', com todas as árvores mentais independentes de seus próprios corpos, pensam que isso existe devido a causas como a criação por um eu criador autocriado e autorrecordativo que as fez à sua imagem, e que sua existência decorre de condições de 'tempo', átomos, estações, intervenções celestes, destino pessoal, sendo tudo isso as discriminações de sua consciência mental e palavras meramente figurativas que na realidade não possuem significado."

(Demais para a suposta crença inabalável de Kerouac nos dogmas teológicos da Criação.)

"Ananda, naturalmente você jamais soube que dentro do ventre do Tathagata a natureza essencial da consciência é luminosa e inteligente, ou seja, por exemplo, nem é consciente da percepção da visão da fonte e dos tanques, nem não consciente, é consciente do Darma de coisas-nenhuma. Ananda, você vai dizer que aquela rocha e aquele tanque são duas coisas diferentes? Seria melhor que você dissesse que cada um deles é um buda, e que apenas precisamos de um buda porque todas as coisas são coisas-nenhuma, e portanto todas as coisas são budas. Esse é o conhecimento do diamante, todo o resto é conhecimento sobre marolas e balões. Essa intuição iluminada é sua verdadeira essência de consciência e é como a natureza intrínseca do espaço."

A seguir Ananda e toda assembleia, tendo recebido essa maravilhosa e profunda instrução do Senhor Tathagata e tendo atingido um estado de acomodação perfeita da mente e de emancipação perfeita da mente de todas as recordações, pensamento e desejos, tornaram-se perfeitamente livres tanto de corpo quanto de mente. Cada um deles entendeu claramente que a mente pode alcançar todos os dez quadrantes dos universos e que sua percepção da visão também pode alcançar os dez quadrantes. Isso ficou tão claro para eles como se fosse uma folha de grama em sua mão. Eles viram que todos os fenômenos mundanos nada mais eram que sua mente de iluminação maravilhosa, inteligente, original, os corpos físicos gerados por seus pais pareciam partículas de poeira sopradas pelo espaço aberto dos dez quadrantes dos universos. Quem repararia na existência deles? O corpo físico era como uma partícula de espuma flutuando por um vasto oceano sem rota, com nada de distintivo para indicar de onde vinha e, caso desaparecesse, para onde teria ido. Eles perceberam muito claramente que haviam, enfim, obtido sua mente maravilhosa, uma mente que era permanente e indestrutível.

Além disso, quando comparamos a descrição da iluminação de Ananda no Shurangama com a descrição de Kerouac em *Os vagabundos iluminados,* vemos por que ele disse que as longas citações do sutra eram o coração da biografia:

> De repente pareceu que todas as árvores do Parque de Jeta e todas as ondas quebrando nas margens de seus lagos estavam cantando a música do Darma, e todos os raios de luminosidade

entrecruzados eram como uma rede de esplendor cravejada de joias curvando-se sobre todos eles. Uma visão tão maravilhosa jamais havia sido imaginada pelos devotos sagrados reunidos, e aquilo manteve a todos em silêncio e reverência. Eles adentraram de modo involuntário na paz bem-aventurada do samádi de diamante, isto é, cada um ouviu imediatamente o intenso e misterioso estrondo do silêncio, toda a multidão de 1.233 pessoas, e sobre todos eles pareceu cair como que uma chuva gentil de pétalas delicadas de flores de lótus de diferentes cores – azul e carmim, amarelo e branco –, todas misturadas e refletidas no espaço aberto do céu em todos os matizes do espectro. Além disso, todas as diferenciações de montanhas na mente deles, e de mares e rios e florestas do mundo de sofrimento saha mesclaram-se umas nas outras e se desvaneceram, deixando apenas a unidade adornada de flores do cosmos primal. No centro de tudo isso, sentado sobre um lótus puro, eles viram o Tathagata, o já-assim, a pérola e o pilar do mundo.

O ponto do sutra em que Manjusri exorta Ananda na prática contemplativa de voltar-se para dentro de si poderia muito bem fundamentar o alegado método de Kerouac de escrever no fluxo direto da consciência, que ele poderia considerar que fosse a mente não discriminativa fluindo nas formas de vacuidade não dual do mundo.

"Ananda, deveriam reverter a percepção externa da audição e escutar internamente em busca do som perfeitamente unificado e intrínseco de sua essência da mente, pois, tão logo tenham atingido a acomodação perfeita, terão atingido a iluminação suprema.
"Esse é o único caminho para o nirvana, e foi seguido por todos os tathagatas do passado. Além disso, é o caminho para todos os bodisatvas-mahasattvas do presente e para todos do futuro caso esperem chegar à iluminação perfeita. Não só Avaloki-Tesvara atingiu a iluminação perfeita há muitas eras

por esse caminho de ouro, mas no presente eu também sou um deles... mas para leigos esse método comum de concentrar a mente no sentido da audição, voltando-a para dentro pela porta do Darma para ouvir o som transcendental de sua mente essencial, é o mais viável e sábio."

Poucas páginas à frente, Kerouac expõe uma ética que sem dúvida aspirava seguir: "Os quatro preceitos são: 1. Desperte, cesse a luxúria sexual, luxúria sexual leva à multiplicidade e briga e sofrimento. 2. Desperte, cesse a tendência à grosseria em relação aos outros, grosseria é a assassina da vida de sabedoria. 3. Desperte, cesse a cobiça e o furto, você deveria olhar seu próprio corpo não como sendo seu, mas como sendo uno com os corpos de todos os outros seres scientes. 4. Desperte, cesse a falta de sinceridade e a mentira secretas, não deveria haver falsidade em sua vida, não há como esconder nada em uma gota de orvalho despedaçada."

Aqui, Kerouac ressalta uma interessante ressonância com Jesus: "Exultantes e crentes, percebendo a serenidade, a seriedade moral, a doce sensatez do mestre, mais e mais discípulos juntavam-se à irmandade. De seus doze grandes discípulos, quinhentos anos antes de Cristo e seus doze, o Abençoado disse: 'Salvem em minha religião os doze grandes discípulos, que, sendo bons, animam o mundo e o liberam da indiferença, não devendo ser julgados'."

Perto do fim do livro, Kerouac introduz o nirvana final, com Buda consolando o atormentado Ananda: "Se as coisas ao nosso redor pudessem ser mantidas para sempre, e não fossem passíveis de mudança ou separação, então isso seria a salvação! Onde isso pode ser buscado? Aquilo que todos vocês podem atingir eu já lhes disse, e digo até o fim. Existe amor no centro de todas as coisas, e todas as coisas são a mesma coisa. Svaha! Estou decidido, busco o descanso. A única coisa necessária foi feita, e foi feita há muito tempo."

Ele conclui com uma perspicaz descrição da partida de Buda de sua corporificação manifesta para o parinirvana – não, observa ele, do nono estado contemplativo, como se fosse uma aniquilação além da aniquilação, mas do quarto estado, no limite do horizonte de eventos do reino do espaço infinito, onde a massa torna-se infinita à velocidade da luz:

> Ele seguiu sucessivamente através de todos os nove dianas [estados contemplativos] em ordem direta; então voltou em ordem inversa e entrou no primeiro, e do primeiro elevou-se e entrou no quarto diana, o diana sem alegria nem sofrimento, totalmente puro e igual, a essência original, eterna e perfeita da mente. Deixando o estado do êxtase de samádi, a alma sem um local de repouso, ele sem demora alcançou o parinirvana, a extinção completa da forma após ter morrido. (...) Suportando voluntariamente infinitas provações através de inumeráveis eras e nascimentos, ele pôde liberar a humanidade e tudo que é vida, indo adiante pelo caminho certo para entrar no nirvana e se lançando repetidamente na corrente da vida e destino do sangsara com o único propósito de ensinar o caminho da liberação da dor e do sofrimento; esse é Buda, que é tudo e todos, Aremideia, a luz do mundo; o Tathagata, Maitreya, o herói que chega, o andarilho do terraço da terra, aquele sentado sob as árvores, persistente, enérgico, intensamente humano, o grande ser de sabedoria e piedade e ternura.
>
> A nobre e superlativa lei de Buda deve receber a adoração do mundo.

Não faço ideia de quem seja "Aremideia", possivelmente uma versão de Amitabha, Amitofo em chinês, Amida em japonês, Buda da Luz Infinita e da Vida Infinita que mantém e habita o universo paradisíaco de Sukhavati na direção do Ocidente, além de universos que são tantos quanto os grãos de areia nos 62 leitos do Ganges. De qualquer maneira, está claro que Kerouac cumpriu a missão dada a ele em uma visão concedida por Avalokistesvara, o bodisatva da compaixão universal, de mil braços, mil olhos e onze cabeças, conforme relatado em *Os vagabundos iluminados:*

> Certa noite, durante uma visão de meditação, Avalokitesvara, o Ouvinte e Respondente da Reza, disse para mim: "Você tem o poder de avisar às pessoas que elas são inteiramente livres"; de modo que coloquei a mão em mim mesmo para que fosse o primeiro a receber o aviso e depois me senti alegre, e berrei: "Ta", abri os olhos, e uma estrela cadente caiu.

Woodstock, Nova York
18 de junho de 2008

DESPERTAR

"Iluminação", desenho a lápis de Jack Kerouac, 1956.

"Adoração a Jesus Cristo,
O messias do mundo cristão;
Adoração a Gautama Sakyamuni,
O corpo de aparência de Buda."

        UMA PRECE BUDISTA no
        Mosteiro de Santa Bárbara,
        escrita por Dwight Goddard

NOTA DO AUTOR

Este livro segue o que dizem os sutras. Contém citações das escrituras sagradas do cânone budista, algumas citadas diretamente, outras misturadas com novas palavras, algumas não são citações, mas constituem-se de novas palavras escolhidas por mim. O roteiro segue a vida de Gautama Buda conforme descrita no *Buddha-Charita* de Asvhaghosha e na *Vida de Buda histórico* de Narasu, com adornos e rearranjos. Não há jeito de separar e nomear as incontáveis fontes que jorraram para esse lago de luz, tais como a *Escritura Lankavatara*, o *Darmapada*, o *Anguttara Nikaya*, o *Itivuttaka*, o *Digga Nikaya*, o *Majjhima Nikaya*, o *Theragatha*, o *Vinaya Pitaka*, o *Prajna-Paramita-Hridaya Sutra*, o *Samyutta Nikaya*, até mesmo *Chuangtse*, *Tao Teh King*, a *Vida de Milarepa*, o *Maaiana Samgraha* e milhares de outras. O coração do livro é um précis ornamentado do poderoso *Surangama Sutra*, cujo autor, que parece ser o maior escritor que já viveu, é desconhecido. Ele viveu no século I e recorreu a fontes de seu tempo e escreveu para o bem da iluminação divina mais luminosa. Projetei este livro para ser um manual para o entendimento ocidental da antiga lei. O propósito é converter. Possa eu viver de acordo com estas palavras: "Cantar os louvores do monge soberbo e declarar suas ações da primeira à última, sem interesse pessoal ou em honra pessoal, sem desejo de renome pessoal, mas seguindo o que dizem as escrituras, para benefício do mundo, foi a minha meta". ASVHAGHOSHA, século I.

Buda significa o desperto.

    Até recentemente a maioria das pessoas pensava em Buda como uma figura rococó grande e gorda sentada com a barriga de fora, rindo, conforme representado em milhões de bugigangas para turistas e estatuetas de lojas baratas aqui no mundo ocidental. As pessoas não sabiam que o Buda verdadeiro era um belo príncipe que de repente, aos 29 anos de idade, começou a matutar no palácio de seu pai, olhando através das dançarinas como se elas não estivessem ali, até que finalmente jogou tudo para o alto de maneira enfática e cavalgou para a floresta num cavalo de batalha e cortou o longo cabelo dourado com a espada e sentou-se com os homens sagrados da Índia daquele tempo e morreu aos oitenta anos, um venerável andarilho esguio de antigas estradas e bosques de elefantes. Esse homem não era um tipo folgazão de aspecto relaxado, mas um profeta sério e trágico, o Jesus Cristo da Índia e de quase toda a Ásia.

    Os seguidores da religião que ele fundou, o budismo, a religião do grande despertar do sonho da existência, somam centenas de milhões hoje em dia. Pouca gente na América e no Ocidente percebeu a extensão e a profundidade do sistema religioso no Oriente. Pouca gente sabia que Coreia, Burma, Sião, Tibete, Japão e China Pré-Vermelha são países predominantemente budistas, assim como se pode dizer que Estados Unidos, Inglaterra, França, Itália, México são países predominantemente cristãos.

    Esse jovem que não podia ser tentado por um harém cheio de garotas lindas devido à sabedoria de sua grande dor, era Gautama, nascido Sidarta em 563 a.C., príncipe do clã Sakya no distrito de Gorakpur, na Índia. A mãe, cujo nome, curiosamente, era "Maya", que em sânscrito significa "magia", morreu ao dar à luz. Ele foi criado pela tia Prajapati Gotami. Quando jovem, foi um grande atleta e cavaleiro, como convém a um membro dos kshatriyas, a casta dos guerreiros. A lenda fala de uma sensacional disputa na qual ele sobrepujou todos os outros príncipes pela mão de Yasodhara.

Ele casou-se aos dezesseis anos com a princesa Yasodhara, que lhe deu o filho Rahula. O pai, o marajá Suddhodhana, era louco por ele e armou um complô com os ministros para descobrir maneiras de agradar o filho e afastar sua mente da profunda tristeza que ficava cada vez maior à medida que ele se aproximava dos trinta anos. Um dia, cavalgando pelos jardins reais na carruagem, o príncipe viu um velho cambaleando pela estrada. "Que tipo de homem é esse? A cabeça branca e os ombros encurvados, os olhos turvos e o corpo murcho, segurando uma vara para apoiá-lo ao longo do caminho. O corpo dele secou de repente por causa do calor ou ele nasceu assim?... Faça a volta com a carruagem e retorne depressa. Pensando o tempo todo nesse assunto da velhice a se aproximar, que prazeres podem agora esses jardins proporcionar, os anos de minha vida são como o vento que voa ligeiro; faça a volta com a carruagem e leve-me ao palácio sem demora." Então, ao ver um homem morto sendo carregado no esquife ali por perto: "Os acompanhantes estão prostrados pelo pesar, arrancando os cabelos e se lamentando penosamente... Este é o único homem morto ou o mundo contém casos semelhantes? Ó homens mundanos! "gritou o jovem príncipe infeliz." Contemplam o corpo virar pó por toda parte, e não obstante a vida mais desleixada por toda parte; o coração não é de madeira e tampouco de pedra sem vida, e mesmo assim pensa que nem TUDO ESTÁ SE DESVANECENDO..."

Naquela noite, por ordem do rei, que tinha ouvido falar daquilo, o ministro Udayi mandou as garotas seduzirem o príncipe Sidarta com seus encantos. Elas fizeram muitos movimentos atraentes, deixaram cair as sedas de seus ombros de modo casual, menearam os braços como serpentes, lançaram olhares insinuantes, dançaram de forma sugestiva, acariciaram os pulsos dele, algumas até mesmo fingiram ruborizar-se confusas e retiraram rosas dos seios exclamando: "Oh, isso é seu ou meu, jovem príncipe?", mas o príncipe não se moveu da atenção mental de desgosto. À meia-noite as moças estavam todas exaustas e adormecidas sobre vários divãs e almofadas. Apenas o príncipe estava desperto. "Não é que eu não ligue para a beleza", ele falou para o sombrio ministro inquiridor, "ou ignore o poder das alegrias humanas, mas vejo sobre tudo a marca da mudança; por isso meu coração está triste e oprimido; se houvesse certeza de que essas coisas durariam, sem os males da idade, doença e morte, então eu também pegaria meu quinhão de amor e não encontraria desgosto ou tristeza até o fim. Se você fizer com que a beleza dessas mulheres não mude nem murche no futuro, então, embora a alegria do amor possa ter seu mal, ainda assim poderia manter a mente em escravidão. Saber que outros homens ficam velhos e adoecem e morrem seria o bastante para roubar tais alegrias da satisfação: contudo, no caso deles (sabendo disso), tanto maior seria o descontentamento que preencheria a mente; saber que tais prazeres apressam-se para decair, e da mesma maneira seus corpos; se, mesmo assim, os homens submetem-se ao poder do amor, o caso deles de fato é como o das bestas. Não passa de seduzir alguém com uma mentira vazia. Ai! Ai! Udayi! Estas, afinal, são as grandes preocupações: a dor do nascimento, velhice, doença e morte; é esse pesar que devemos temer; os olhos veem todas as coisas caindo em decadência, e ainda assim o coração acha alegria em segui-las. Ai! É bem assim! Que sombrio e ignorante este mundo, destituído de entendimento!"

E ele fez o seguinte voto: "Buscarei agora uma lei nobre, diferente dos métodos mundanos conhecidos dos homens. Vou me opor à doença, à idade e à morte, e lutar contra o dano produzido aos homens por essas coisas." Para fazer isso ele decidiu deixar o palácio para sempre e ir meditar na solidão da floresta, como era o costume naqueles tempos da religião natural.

Ele apontou as moças adormecidas para Udayi, pois não mais estavam bonitas com seus truques lamentáveis deixados de lado, roncando, esparramadas por toda parte em diferentes posições desajeitadas, agora meras irmãs deploráveis no globo ardente em dor.

Quando o rei ouviu falar da decisão do filho de deixar o lar e assumir a vida sagrada, protestou em lágrimas. Mas o jovem monarca disse: "Ó! Não ponha dificuldades em meu caminho; seu filho reside em uma casa em chamas: você de fato o impediria de deixá-la? Solucionar dúvidas é simplesmente sensato; quem poderia proibir um homem de buscar a explicação?" E ele deixou claro que preferiria tirar a própria vida do que seguir na ignorância, preso pelo dever filial.

Ao ver o pai chorando, o príncipe decidiu partir à noite. Não só o marajá, mas a linda princesa Yasodhara suplicou-lhe para que não renunciasse aos deveres e responsabilidades do reino e da vida de casado. Com a cabeça no colo de Yasodhara, ele lamentou-se por dentro, sabendo do sofrimento que sua renúncia plena causaria a ela. E ponderou: "Para me dar à luz, minha amada mãe carregou-me dolorosamente com profunda afeição, e então quando nasci ela morreu, e isso não permitiu que ela me nutrisse. Um vivo, o outro morto, seguindo por estradas diferentes, onde ela há de se encontrar agora? Do mesmo modo que na vida selvagem, em que todos os pássaros que vivem com os companheiros reúnem-se em uma árvore alta ao anoitecer e ao amanhecer dispersam-se, assim são as separações do mundo." Olhando para o filho

Rahula, de três anos, despontaram os pensamentos que mais tarde ele proferiu: "Chame-o de Rahula, vínculo, pois eis aí outro vínculo que devo romper."

Ao servo Kandaka, em meio às vigílias da noite, quando tudo estava pronto, ele disse: "Encilhe então o meu cavalo e o traga depressa aqui. Desejo alcançar a cidade imortal; meu coração está determinado além de toda mudança, estou resolvido e preso pelo voto sagrado."

Cavalgaram em silêncio pelo portão real. Olhando para trás uma vez, o príncipe disse, trêmulo: "Se eu não escapar do nascimento, da velhice e da morte para sempre, não vou sair disso."

Mestre e servo cavalgaram através da floresta da noite. Ao amanhecer, chegando a uma paragem, apearam e descansaram. "Você me conduziu bem", disse o príncipe, afagando o cavalo. E ao servo: "Você seguiu sempre atrás de mim nas cavalgadas, e me sinto profundamente em dívida e agradecido. Só o conheci como um homem sincero, mas não posso prendê-lo aqui com muitas palavras, de modo que deixe-me dizer de forma breve: chegamos aqui ao fim de nosso relacionamento; pegue, pois, meu cavalo e retorne; quanto a mim, durante a longa noite passada, consegui alcançar aquele lugar que buscava!"

Vendo que o servo estava relutante e cheio de remorso, o príncipe entregou-lhe uma joia preciosa: "Kandaka, pegue esta gema e, ao voltar para onde está meu pai, tome-a e deposite-a diante dele com reverência, significando minha relação de coração com ele; e então, por mim, solicite ao rei que sufoque toda sensação volúvel de afeição e diga que eu, para escapar do nascimento, envelhecimento e morte, entrei na floresta selvagem da disciplina dolorosa; não que eu vá obter um nascimento celestial, muito menos que não tenha ternura no coração ou que nutra qualquer causa de amargura, mas apenas porque busco o caminho da fuga definitiva.

"Meus ancestrais, reis vitoriosos, pensando no trono como estabelecido e imóvel, legaram-me sua riqueza real; eu, pensando apenas em religião, coloquei tudo de lado; regozijo-me por ter adquirido riqueza religiosa.

"E se você acha que sou jovem e imaturo e que o tempo da busca não é chegado, deve saber que para se buscar a verdadeira religião jamais existe um tempo inadequado; impermanência e inconstância, o ódio da morte, isso nos segue sempre, e portanto eu abraço o dia de hoje, convencido de que agora é a hora de buscar."

O pobre Kandaka chorou.

"Você deve superar esse estado pesaroso, cabe a você se consolar; todas as criaturas, cada uma a seu modo, tolamente argumentando que todas as coisas são constantes, me influenciariam hoje a não abandonar minha família e parentes; mas deixe que digam: quando eu estiver morto e tiver me tornado um fantasma, como então poderei ser mantido?"

Essas palavras de um sábio em potencial, puro e fascinante, ainda que vindas dos lábios de um príncipe jovem e gentil, eram como fardos de dor para aqueles que o amavam e cobiçavam sua estima contínua. Mas não havia outro jeito: o relacionamento dele com o mundo tinha de ser rompido.

"Desde o início as pessoas têm errado dessa forma", disse ele, "prendendo-se à sociedade e pelos laços do amor e então, como depois de um sonho, tudo se dispersa. Pode dar a conhecer minhas palavras: 'Quando eu tiver escapado do triste oceano de nascimento e morte, então voltarei; mas estou resolvido: se não obtiver o que busco, meu corpo há de perecer nas montanhas agrestes'."

Em seguida ele pegou sua espada reluzente e cortou o lindo cabelo dourado, e prendeu a espada junto com algumas joias preciosas no arreio de seu veloz cavalo de guerra: "Siga Kandaka de perto. Não deixe a dor surgir dentro de você;

de fato lamento perdê-lo, meu garboso corcel. Seu mérito agora cumpriu sua finalidade: você há de desfrutar um longo intervalo sem nascimento ruim." E ele despachou-os, servo e cavalo, com um bater de palmas, e ficou sozinho na floresta, a cabeça desnuda, de mãos vazias, como um deus vajra pronto e à espera, ainda que já vitorioso.

"Meus adornos foram-se para sempre; restam agora apenas essas vestes de seda, que não estão de acordo com uma vida de eremita."

Um homem em roupas esfarrapadas passou por ali. Gautama chamou-o: "Este seu traje me agrada tanto como se não estivesse puído, e por ele dou-lhe meu traje em troca." O homem, que Gautama tomou por um caçador, na verdade era um eremita religioso, ou rishi, um sábio, um muni. O príncipe presumiu isso assim que a troca das roupas foi efetuada. "Essa veste não é de um sujeito comum! Não foi vestida por um homem mundano."

Ele vagueou adiante em profunda seriedade. Mais tarde ficou muito faminto. Dentro da velha tradição, prometido à vida sem lar, ele mendigou sua primeira refeição de porta em porta entre as choças de grama do vilarejo. Tendo sido um príncipe, estava acostumado aos melhores pratos que os chefes reais pudessem preparar, e agora, quando as oferendas de comida humilde incidiram em seu paladar refinado, ele instintivamente começou a cuspir. No mesmo instante ele percebeu a tolice patética e se forçou a comer toda a tigela. O que quer que fosse dado a ele em caridade, embora pudesse ser deplorável, jamais deveria ser desprezado. A vida religiosa dedicada à procura da paz mais elevada, tendo o sabor único da realidade, era de fato tempero suficiente. Tendo jogado fora os laços mundanos do coração e da mente pensante, não era hora de ficar preso ao paladar. Tendo comido a refeição humilde, insípida, abatido ainda que alegre, aquele que havia vestido trajes de seda e cujos serviçais haviam segurado uma sombrinha branca sobre si seguiu andando em andrajos sob o sol ardente da solidão da selva.

Ele fez indagações e vagueou à procura do famoso asceta Alara Kalama, do qual havia ouvido falar muito, que seria seu professor. Alara Kalama explicava o ensinamento chamado "o reino do nada" e praticava automortificação para provar que estava livre do corpo. O jovem e novo muni do clã Sakya seguiu o exemplo com avidez e energia. Mais tarde, para seus discípulos, ele recontou aquelas experiências iniciais de automortificação. "Alimentei meu corpo com musgo, grama, esterco de vaca, vivi de frutas silvestres e raízes da selva, comendo apenas frutos caídos das árvores. Usei vestes de cânhamo e pelo, bem como trapos remendados do ossário, farrapos provenientes dos montes de corpos. Embrulhei-me nas peles e couros abandonados de animais; cobri minha nudez com porções de grama, cascas e folhas, com um pedaço da cauda ou crina de algum animal selvagem, com a asa de uma coruja. Também arrancava o cabelo e a barba, pratiquei a austeridade de tirar os pelos da cabeça e do rosto pela raiz. Fiz o voto de ficar sempre em pé, sem jamais sentar ou deitar. Limitei-me a ficar perpetuamente acocorado sobre os calcanhares, pratiquei a austeridade do agachamento contínuo sobre os calcanhares. Ficava 'ladeado por espinhos'; quando deitava para descansar, era com espinhos sobre meus flancos – dirigi-me para um certo bosque sombrio e horrível e naquele local fiz minha morada. E lá naquela floresta densa e atemorizante reinava tal horror que quem quer que, sem controle dos sentidos, entrasse naquele lugar pavoroso, ficaria com os cabelos em pé de terror." Por seis anos com Alara Kalama e posteriormente com os cinco eremitas mendicantes perto de Uruvela, na Floresta da Mortificação, ele que se tornaria Buda praticou aqueles exercícios inúteis e medonhos junto com uma penitência de inanição tão severa que "tornaram-se como restos de juncos secos todos os meus membros, como casco de camelo minhas ancas, como uma corda ondulada minha espinha e, assim como numa casa em ruínas os caibros em declive da cumeeira estão todos à mostra, minhas costelas inclinadas ficavam aparentes devido ao rigor do jejum. E quando eu tocava na superfície de minha barriga, minha mão tocava minha espinha, e quando alisava meus membros, os pelos com a raiz morta saíam em minhas mãos."

Finalmente, ao tentar banhar-se um dia no Nairanjana, ele desmaiou na água e quase se afogou. Ele percebeu que aquele método extremo de encontrar salvação era apenas outra forma lamentável de ignorância; viu que era apenas o lado oposto da moeda da existência que numa face mostrava luxúria extrema, na outra abstinência extrema; de um lado, o extremo da concupiscência lasciva e do enfraquecimento dos sentidos, embotando o coração da sinceridade, e do outro, o extremo da coerção empobrecida e da privação do corpo, também embotando o coração da sinceridade pela faceta oposta da mesma ação arbitrária e de causa ignorante.

"Tais sofrimentos são de fato deploráveis!", ele gritou, ao ser reanimado com uma tigela de leite de arroz ofertada por uma donzela que pensou que ele fosse um deus. Indo aos cinco eremitas ascetas ele afinal proclamou: "Vocês! Promovendo a destruição de sua forma externa e passando por todo tipo de penitência dolorosa para obter as alegrias do céu, e todavia buscando obter outro nascimento – buscando um nascimento no céu, para sofrer mais problemas, vendo visões de alegria futura, enquanto o coração sucumbe em debilidade... Por isso prefiro ir em busca do vigor do corpo, renovar meus membros com bebida e comida, fazer com que minha mente repouse em contentamento. Com minha mente em repouso, hei de desfrutar de serenidade silenciosa. Serenidade é a armadilha para se chegar ao êxtase; percebendo a verdadeira lei durante o êxtase, o desvencilhamento virá a seguir.

"Desejo escapar dos três mundos – terra, céu e inferno. A lei que vocês praticam, vocês a herdaram dos feitos de professores anteriores, mas eu, desejando destruir toda combinação, busco uma lei que não admita tal acidente. E, portanto, não posso mais me retardar neste bosque em discussões infrutíferas."

Os mendicantes ficaram chocados e disseram que Gautama havia desistido. Mas Sakyamuni, classificando o método deles como "tentar dar nós no ar", deixou de ser um <u>tapasa</u> que se autotortura e se tornou um andarilho <u>paribbijaka</u>.

Em sua jornada, ouviu falar do desgosto de seu pai, muito pungente depois de seis anos, e seu coração gentil foi afetado pelo amor intensificado. "Porém", falou ele ao portador da notícia, "é tudo como a fantasia de um sonho, retornando ao nada rapidamente... Amor de família, sempre prendendo, sempre afrouxando; quem lamenta tais separações constantes o bastante? Todas as coisas que existem devem perecer com o tempo... Então, como a morte permeia o tempo todo, livre-se da morte, e o tempo desaparecerá...

"Vocês desejam fazer-me rei... Pensando ansiosamente na forma externa, o espírito se desanima... Olho para o palácio esplêndido e suntuosamente ornamentado como que tomado pelo fogo; as centenas de pratos deliciosos da cozinha divina como que misturados com venenos destrutivos. Reis ilustres em pesaroso desgosto sabem que os problemas da condição real não se comparam ao sossego da vida religiosa. A fuga nasce da quietude e do repouso. Realeza e salvação, movimento e repouso não podem ser unidos. Minha mente não está em dúvida; cortando o anzol com a isca do relacionamento, deixei minha casa.

"Sigam a lei pura da abnegação", ele pregou na estrada para os outros eremitas. "Reflitam sobre o que foi dito em tempos passados. O pecado é a causa do desgosto." Nesse estágio, o glorioso Asvhaghosha assim descreve Buda: "<u>Com passo uniforme e presença impassível ele entrou na cidade e</u>

mendigou comida, de acordo com a regra de todos os grandes eremitas, com semblante alegre e mente imperturbada, sem ansiedade quanto à muita ou pouca esmola dada; o que quer que recebesse, suntuoso ou pobre, colocava dentro da tigela, então voltava para o bosque e, tendo comido e bebido do regato, sentava-se alegre sobre a montanha imaculada."

E ele falou aos reis e os converteu. "A riqueza de um país não é o tesouro estável, mas aquilo que é dado em caridade", disse ao rei Bimbisara de Magadha, que foi até ele no bosque perguntando por que um homem de origem real desistiria das vantagens de governar. "A caridade se dispersa, contudo não traz arrependimento."

Mas o rei quis saber por que um homem sábio, conhecendo as valiosas injunções concernentes ao governo, desistiria do trono e se privaria dos confortos da vida palaciana.

"Eu temo o nascimento, a velhice, a doença e a morte, e por isso busco encontrar um modo seguro de liberação. E por isso temo os cinco desejos – os desejos ligados à visão, audição, paladar, olfato e tato –, os cinco ladrões inconstantes, roubando dos homens seus tesouros prediletos, tornando-os irreais, falsos e volúveis – os grandes obstáculos, eternamente desarrumando o caminho da paz.

"Se não vale a pena ter as alegrias do céu, muito menos ainda valem os desejos comuns aos homens, que provocam a sede do amor desregrado, e então a perda no desfrute. Como um rei que governa tudo entre os quatro mares e ainda busca algo mais além, assim é o desejo, assim é a luxúria; como o oceano ilimitado, não sabe quando e onde parar. Entregue-se um pouquinho à luxúria, e tal como uma criança ela cresce depressa. Vendo a amargura da dor, o homem sábio pisoteia e destrói os surgimentos do desejo.

"Aquilo que o mundo chama de virtude é outra forma da lei lamentável.

"Recordando que todas as coisas são ilusórias, o homem sábio não as cobiça; aquele que deseja tais coisas, deseja a dor.

"O homem sábio joga fora a abordagem da dor como um osso podre.

"Aquilo que o homem sábio não pega, o rei atravessará fogo e água para obter, uma labuta por riqueza como que por um pedaço de carne pútrida.

"O homem sábio fica descontente em ter riqueza armazenada, tantas posses, a mente revolta por pensamentos ansiosos, guardando-se noite e dia, como um homem que teme algum inimigo poderoso.

"Quão dolorosamente os homens tramam em busca de riqueza, difícil de adquirir, fácil de dissipar, como aquilo que se consegue em um sonho; como pode o homem sábio entesourar tamanho entulho! É isso que torna vil um homem e o açoita e espicaça com dor perfurante; a luxúria degrada um homem, rouba-lhe toda a esperança, enquanto ao longo da noite comprida seu corpo e alma são desgastados.

"É como o peixe que cobiça a isca no anzol.

"A ganância busca por algo para satisfazer seus anseios, mas não existe cessação permanente da dor, pois ao cobiçar aplacar esses desejos nós apenas os aumentamos. O tempo passa e a dor repete-se.

"Embora um homem esteja preocupado com dez mil assuntos, que proveito há nisso, se apenas acumulamos ansiedades? Assim, ponha fim à dor aplacando o desejo, abstenha-se de trabalho improdutivo; isso é repouso."

Mas o rei Bimbisara não pôde deixar de comentar, assim como Kandaka havia feito, que o príncipe dos Sakyas era muito jovem para renunciar ao mundo.

"Você diz que enquanto jovem um homem deve ser folgazão, e quando velho religioso, mas considero que a inconstância da idade traz consigo a perda do poder para ser religioso, ao contrário da firmeza e do poder da juventude."

O velho rei entendeu.

"A inconstância é o grande caçador, a idade seu arco, a doença suas flechas, nos campos da vida e da morte ele caça as coisas vivas como se caça um cervo; quando tem a oportunidade ele tira nossa vida; quem então esperaria pela idade?"

E a respeito da determinação religiosa ele aconselhou o rei a se manter longe da prática de sacrifícios. "Destruindo vida para adquirir mérito religioso, que amor pode um homem desses possuir? Ainda que a recompensa de tais sacrifícios fosse duradoura, mesmo assim a matança seria imprópria; quanto mais então quando a recompensa é transitória! O sábio evita destruir vida! A recompensa futura e o fruto prometido são governados por leis transitórias, volúveis como o vento ou a gota soprada da relva; tais coisas, portanto, eu afasto de mim e busco a verdadeira fuga."

O rei percebeu que o entendimento era mais importante que a riqueza, pois vinha antes. Ele pensou: "Possa eu manter a lei, o tempo para entendimento é curto". Ele tornou-se um governante iluminado e apoiou Gautama por toda a vida.

Gautama conduziu discussões eruditas com líderes eremitas na floresta. A Arada Udarama ele perguntou: "A respeito de velhice, doença e morte, como se pode escapar dessas coisas?"

O eremita respondeu que logo depois de tornar-se o "eu" puro, haveria a verdadeira liberação. Esse era o antigo ensinamento que propunha a alma imortal, "purusha", atman, a superalma que ia de vida em vida ficando mais e mais ou menos e menos pura, sendo a meta final o estado de alma pura no céu. Mas a sagrada inteligência de Gautama percebeu que "purusha" não passava de uma bola quicando por aí de acordo com circunstâncias concomitantes, fosse no céu, no inferno ou na terra, e que, enquanto a pessoa mantivesse essa visão, não haveria fuga perfeita do nascimento e da destruição do nascimento. O nascimento de qualquer coisa significa a morte dessa coisa: e isso é decadência, isso é horror, mudança, isso é dor.

Gautama falou: "Você diz que logo depois de tornar-se o 'eu' puro haveria a verdadeira liberação; mas, se encontramos uma união de causa e efeito, então há um retorno aos estorvos do nascimento; do mesmo modo que o germe na semente: quando a terra, o fogo, a água e o vento parecem ter destruído o princípio da vida ali dentro, ela não obstante reviverá ao encontrar circunstâncias favoráveis concomitantes, sem qualquer causa evidente, mas devido ao desejo, e apenas para morrer de novo; assim também aqueles que obtiveram essa suposta libertação, mantendo igualmente a ideia do 'eu' e das coisas vivas, de fato não obtiveram a liberação final."

Aproximando-se agora de seu momento de perfeição em sabedoria e compaixão, o jovem santo viu todas as coisas, homens sentados em bosques, árvores, céu, diferentes visões sobre a alma, diferentes eus, como uma única vacuidade unificada no ar, uma flor imaginária, cujo significado era unidade e indivisibilidade, tudo da mesma matéria de sonho, universal e secretamente pura.

Ele viu que a existência era como a luz de uma vela: a luz da vela e a extinção da luz da vela eram a mesma coisa.

Ele viu que não havia necessidade de conceber a existência de nenhuma superalma, como se para afirmar a existência de uma bola fosse preciso quicá-la por aí conforme os ventos da ríspida marcha imaginária das coisas, tudo isso uma lambança produzida pela mente, tal como um sonhador continua seu pesadelo de propósito na esperança de se extricar das dificuldades horrorosas que ele não percebe que estão apenas em sua mente.

Gautama viu a paz do nirvana de Buda. Nirvana significa apagado, como uma vela. Mas porque o nirvana de Buda está além da existência, e não concebe a existência e tampouco a não existência da luz de uma vela, ou de uma alma imortal, ou de qualquer coisa, não é nem mesmo nirvana, tampouco é a luz da vela conhecida como sangsara (este mundo), nem a extinção apagada da luz da vela conhecida como nirvana (o não mundo), mas despertar além dessas concepções estabelecidas de forma arbitrária.

Ele não ficou satisfeito com a ideia de Arada de um "eu" sendo limpo e purificado para o céu. Ele não viu "eu" na matéria. Nada a ser purificado. E viu a cobiça pelo céu como nada além de atividade em um sonho. Ele soube que, quando observadas do ponto de vista da mente verdadeira, todas as coisas eram como castelos mágicos no ar.

"O que Arada declarou não consegue satisfazer meu coração. Devo ir em busca de uma explicação melhor."

Gautama estava prestes a encontrar essa explicação. Como disse um escritor eminente: "Ele havia buscado no homem e na natureza, não encontrou, e vejam só! Estava em seu próprio coração!"

O eremita abençoado foi para Budhgaya. No mesmo instante foi possuído pelo antigo sonho dos budas de outrora ao fitar os nobres bosques de palmeiras e mangueiras e <u>ficus religiosa</u>; na tarde ondulante ele passou por baixo de seus galhos, solitário e estonteado, ainda que com um arrebatamento de premonição em seu coração de que algo grandioso estava prestes a acontecer ali. Gautama, o "fundador" do budismo, estava apenas redescobrindo o antigo e perdido caminho do Tathagata (Ele do Estado da Talidade); re-revelando a gota de orvalho primordial do mundo; como o cisne da piedade passando pelo tanque do lótus, e, ao se acomodar, grande alegria tomou conta dele à vista da árvore sob a qual escolheu sentar-se como que em conformidade com todas as terras de buda e coisas de buda reunidas que são coisa-nenhuma na vacuidade da intuição cintilante por toda parte, como enxames de anjos e bodisatvas em densidade semelhante a mariposas irradiando-se infinitamente rumo ao centro do vazio em ADORAÇÃO. "Todo lugar é Aqui", intuiu o santo. De outro homem, um cortador de grama, ele obteve um pouco de relva pura e macia que espalhou embaixo da árvore, com o corpo ereto, ali tomou assento; os pés colocados embaixo de si, arrumado de forma cuidadosa, movendo-se para frente e para trás, mas firmemente fixo e compacto, como o deus naga. "NÃO VOU LEVANTAR DESSE LUGAR", decidiu consigo mesmo, "ATÉ QUE, LIVRE DO APEGO, MINHA MENTE ATINJA A LIBERAÇÃO DE TODA DOR."

Seus ossos poderiam apodrecer e seus tendões atrofiar-se, e corvos bicarem seu cérebro abandonado, mas esse homem semelhante a um deus não se levantaria daquele lugar sobre o leito de grama debaixo da figueira até ter resolvido o enigma do mundo. Uniu os dentes e pressionou a língua contra eles. Concentrou sua inteligência radiante e deixou a consciência deslizar para a intuição interna do insight. As mãos gentilmente entrelaçadas, respirando como um bebê, de olhos fechados, imóvel e imperturbável, ele intuiu, à medida que o ocaso desceu sobre o terraço de terra em cima do qual ele estava sentado. "Embora toda terra pudesse ser movida e abalada, esse lugar ficaria fixo e estável." Era o mês de maio na Índia, na hora conhecida como "poeirada de vaca", quando o ar fica dourado como grãos, cálido e sonhador, e todas as coisas e bestas exalam sua fé em crepúsculos de calma mental natural.

Muitas palavras foram escritas sobre esse momento sagrado no agora famoso local embaixo da árvore bodhi, ou árvore da sabedoria. Não foi uma agonia no jardim, foi uma bem-aventurança debaixo da árvore; não foi a ressurreição de nada, mas a aniquilação de todas as coisas. Veio a Buda naquelas horas a compreensão de que todas as coisas vêm de uma causa e vão para a dissolução e, portanto, todas as coisas são impermanentes, todas as coisas são infelizes e, por conseguinte e mais misterioso, todas as coisas são irreais.

Uma fria brisa refrescante surgiu quando ele percebeu que tudo havia florescido da mente, brotado das sementes do falso pensamento na base divina da realidade, e ali ficava o sonho totalmente deplorável e desalentador. "Bestas quietas e silentes assistiram em assombro." Tentações de se levantar e ir para algum outro lugar e desistir daquele meditar fútil debaixo de árvores encheram a mente de Buda; ele reconheceu essas tentações como obra de Mara, o tentador, o demônio indiano, e recusou-se a se mexer. Até mesmo o medo passou por sua cabeça, febres imaginárias de que estava acontecendo alguma coisa às suas costas, diante de seus olhos fechados: impassível como um homem observando crianças a brincar, ele deixou essas dúvidas e perturbações, como bolhas, sumirem de volta na origem de vacuidade do mar mental.

Ao cair da noite ele repousou em paz e quietude. Entrou em uma contemplação profunda e sutil. Todo tipo de êxtase sagrado passou em sequência diante de seus olhos. Durante a primeira vigília da noite ele entrou na "percepção correta", e a recordação de todos os nascimentos anteriores passou diante de seus olhos.

"Nascido em tal lugar, com tal nome, até o presente nascimento, de modo que ele conheceu todos os seus nascimentos e mortes através de centenas, milhares, miríades."

Sabendo muito bem que a essência da existência é a talidade, qual nascimento poderia não ser lembrança de sua essência da mente luminosa, misteriosa, intuitiva? Como se ele tivesse sido todas as coisas, e apenas porque nunca tinha havido um verdadeiro "ele", mas todas as coisas, e assim todas as coisas eram a mesma coisa, e estavam dentro da esfera da mente universal, que era passado, presente e futuro da apenas mente.

"Incontáveis como as areias do Ganges foram os nascimentos e mortes de todo tipo e espécie; então, conhecendo também suas relações de família, grande piedade surgiu em seu coração."

Havia sido um longo tempo já acabado, o antigo sonho da vida, as lágrimas de tristeza de muitas mães, as miríades de pais mortos, eternidades de tardes perdidas de irmãs e irmãos, o canto indolente do galo, a caverna de insetos, o instinto lamentável totalmente consumido na vacuidade, a enorme sensação sonolenta de era dourada que se abriu em sua cabeça, de que esse conhecimento era mais velho que o mundo.

"O senso de compaixão profunda passou, ele mais uma vez considerou 'todos que vivem' e como se moviam dentro das seis porções de revolução da vida, sem ponto final para nascimento e morte; tudo oco, e falso e transitório como a bananeira-da-terra, ou um sonho, ou uma fantasia."

Nos ouvidos de Buda, enquanto ele estava assim sentado em brilhante e efervescente ofício de intuição, de modo que a luz como leite transcendental ofuscava na obscuridade invisível de suas pálpebras fechadas, ouviu-se o puro silêncio invariável do mar suspirante da audição, agitando-se, recuando, enquanto ele mais ou menos recordava a consciência do som, embora o som em si fosse sempre o mesmo e constante, apenas a consciência dele variava e recuava, como os baixios da maré vazante e a água salgada chiando e afundando na areia, o som não fora tampouco dentro do ouvido, mas por toda parte, o mar puro da audição, o som transcendental do nirvana ouvido por crianças em manjedouras e na lua e no coração de tempestades uivantes, e no qual o jovem Buda ouvia agora um ensinamento prosseguindo, uma incessante instrução sábia e clara de todos os budas de outrora que tinham vindo antes dele e todos os budas por vir. Sob o uivo distante do grilo ruídos ocasionais como o pipilar involuntário de pássaros adormecidos de sonho, ou as correrias de ratinhos silvestres, ou uma vasta brisa nas árvores perturbavam a paz dessa audição, mas os ruídos eram meramente acidentais, a audição recebia todos os ruídos e acasos em seu mar, mas permanecia imperturbada como sempre, verdadeiramente intocada, nem reabastecida nem tampouco diminuída, tão autopura quanto o espaço vazio. Sob as estrelas resplandecentes o rei da lei, envolvido na tranquilidade divina desse som transcendental do êxtase do diamante, repousou imóvel.

"Então, na vigília do meio da noite, ele alcançou o conhecimento dos anjos puros e contemplou cada criatura diante de si como alguém que vê imagens em um espelho; todas as criaturas nascem e nascem de novo para morrer, nobres e plebeus, pobres e ricos, colhendo o fruto da ação boa ou má e compartilhando de felicidade ou desgraça como consequência."

Ele viu como más ações deixam causa para arrependimento e o desejo inominável de reparar e rearrumar a ruindade, energia inicial para se retornar ao estágio do mundo; ao passo que boas ações, sem produzir remorso e não deixando substrato para dúvida, se desvanecem na Iluminação.

"Ele viu, além disso, todos os frutos do nascimento como bestas; algumas fadadas a morrer devido à pele ou à carne, algumas por seus chifres ou ossos ou asas; outras despedaçadas ou mortas em conflito mútuo, antes amigas ou parentes; algumas sobrecarregadas com fardos ou arrastando volumes pesados, outras espetadas ou incitadas a ir em frente por aguilhões pontudos. Sangue escorrendo de suas formas torturadas, crestadas e famintas – nenhum alívio proporcionado a elas, lutando uma contra outra, destituídas de poder independente. Voando pelo ar ou submersas em águas profundas, e não obstante nenhum lugar para se refugiar da morte.

"E ele viu aqueles renascidos como homens, com corpos como um esgoto imundo, deslocando-se sempre entre os sofrimentos mais horrendos, nascidos do ventre para temer e estremecendo, com corpo frágil, suas sensações dolorosas ao tocar qualquer coisa, como se cortados com facas."

Esse vale de dardos, que chamamos de vida, um pesadelo.

"Enquanto nascido nessa condição, nenhum momento livre da possibilidade de morte, labuta e dor; ainda assim buscando nascimento outra vez, e nascendo de novo, enfrentando dor."

A pedra de moinho das formas lamentáveis da ignorância rolando e moendo sem parar.

"Então ele viu aqueles que por mérito maior estavam desfrutando do céu; uma sede de amor a consumi-los eternamente, o mérito acabado com o fim da vida, os cinco sinais avisando-os da morte. Assim como a flor que, murchando, se deteriora e tem todos os seus matizes brilhantes roubados, nem todos os seus companheiros, ainda vivos, por meio do pesar, conseguem salvar o que resta. Os palácios e recintos alegres agora vazios, os anjos sozinhos e desolados, sentados ou adormecidos sobre a terra poeirenta, choram amargamente ao recordar seus amores. Enganado, ai! Nenhum único local isento, em cada nascimento dor incessante!

"Céu, inferno ou terra, o mar de nascimento e morte revolvendo-se assim – uma roda sempre-rodopiante –, toda carne imersa em suas ondas, lançada aqui e ali sem amparo! Assim, com esses olhos da mente ele considerou cuidadosamente os cinco domínios da vida e a degradação de todas as criaturas que nascem. Ele viu que tudo era similarmente vazio e vão! Sem nenhuma dependência! Como a banana-da-terra ou a bolha."

O nevoeiro das três da madrugada ergueu-se com todas as dores do mundo. "Na terceira vigília memorável ele entrou na apreensão profunda, verdadeira. Meditou sobre o mundo inteiro das criaturas rodopiando no emaranhado da vida, nascidas para a dor: as multidões que vivem, envelhecem e morrem, imensuráveis na profusão. Cobiçosas, luxuriosas, ignorantes, sombriamente agrilhoadas, sem saída conhecida para a salvação final."

Ó, qual era a causa de toda essa morte de corpos? "Considerando de forma correta, ele refletiu internamente de qual fonte provinham o nascimento e a morte."

O nascimento de corpos é a causa direta da morte de corpos. Da mesma forma, o plantio da semente foi a causa da rosa jogada fora.

Então, olhando mais adiante: de onde vem o nascimento? Ele viu que vinha de atos de vida cometidos em outro lugar; esquadrinhando então essas ações, viu que não eram delimitadas por um criador, nem autocausadas, nem existências pessoais, nem tampouco eram não causadas; viu que elas obtinham juntas uma cadeia adicional de causas, causa sobre causa, elos concatenantes juntando os grilhões, unindo tudo que é forma – pobre forma, mera poeira e dor.

Então, assim como alguém que quebra a primeira junta de bambu acha fácil desmembrar todo o resto, tendo discernido a causa da morte como o nascimento, e a causa do nascimento como as ações, ele passou a ver a verdade gradativamente: a <u>morte</u> vem do <u>nascimento</u>, o <u>nascimento</u> vem das <u>ações</u>, as <u>ações</u> vêm do <u>apego</u>, o <u>apego</u> vem do <u>desejo</u>, o <u>desejo</u> vem da <u>percepção</u>, a <u>percepção</u> vem da <u>sensação</u>, a <u>sensação</u> vem dos <u>seis órgãos dos sentidos</u>, os <u>seis órgãos dos sentidos</u> vêm da <u>individualidade</u>, a <u>individualidade</u> vem da <u>consciência</u>. As ações vêm do apego, as ações são feitas por um motivo de necessidade imaginado a que um ser se apega e em nome do qual fez seu gesto; o apego vem do desejo, o desejo vem antes do hábito; o desejo vem da percepção, você jamais desejou uma coisa que não conhecesse, e quando desejou, foi uma percepção do prazer que desejava ou da dor que você detestava com aversão, sendo ambas os dois lados da moeda chamada desejo; a percepção vem da sensação, a sensação de um dedo queimado não é percebida de imediato; a sensação vem do contato dos seis órgãos dos sentidos (olho-visão, ouvido-audição, nariz-olfato, língua-paladar, corpo-tato e cérebro-pensamento) com seus objetos mútuos dos sentidos, de modo que um dedo jamais foi queimado sem ter contato com a chama; os seis órgãos dos sentidos vêm da individualidade, assim como o germe cresce em galho e folha, a individualidade cresce em sua divisão sêxtupla do que originalmente não era nem um nem seis mas mente pura, clara como espelho; a individualidade vem de consciência, consciência como a semente que germina e origina sua folha individual, e se não fosse a consciência onde estaria a folha?; a consciência, por sua vez, procede da individualidade, as duas estão enlaçadas sem deixar remanescentes; por alguma causa cooperante a consciência engendra a individualidade, enquanto por alguma outra causa cooperante a individualidade engendra a consciência. Assim como um homem e um navio avançam juntos, com a água e a terra mutuamente envolvidas, a consciência origina a individualidade; a individualidade produz as raízes. As raízes engendram o contato dos seis órgãos dos sentidos; o contato outra vez gera a sensação; a sensação gera desejo (ou aversão); desejo ou aversão produzem apego ao desejo ou à aversão; esse apego é a causa das ações; e ações outra vez geram nascimento; nascimento produz morte outra vez; assim esse ciclo incessante causa a existência de todas as coisas vivas.

E além disso, ao ver e completar instantaneamente os doze elos da cadeia da existência (a cadeia do nirdana), ele viu que essa consciência que gera a individualidade junto com toda dificuldade vem ela mesma do carma (resto inacabado de ação do sonho), e o carma vem da ignorância, e a ignorância vem da mente. Carma é a personificação da lei inexorável, inflexível, que une ação e resultado, essa vida e a seguinte; carma explica tudo o que concerne ao mundo dos seres vivos, animais, homens, ao poder dos reis, à beleza física das mulheres, à cauda esplêndida dos pavões, às inclinações morais de todo mundo; carma é uma herança do ser senciente, o ventre que o carrega, o ventre ao qual ele deve recorrer; carma é a raiz da moralidade, pois o que fomos nos faz o que somos agora. Se um homem torna-se iluminado, para e percebe a sabedoria perfeita mais elevada e entra no nirvana, é porque seu carma havia se resolvido e estava em seu carma fazer isso; se um homem segue na ignorância, irado, tolo e ganancioso, é porque seu carma ainda não se resolveu e estava em seu carma fazer isso.

Corretamente esclarecido, plenamente percebedor, firmemente estabelecido, assim ele ficou iluminado.

Destrua o nascimento, assim a morte cessará; destrua as ações e então o nascimento cessará; destrua o apego e então as ações cessarão; destrua o desejo e então o apego acabará; destrua a percepção e então o desejo acabará; destrua a sensação e acaba então a percepção; destrua o contato dos seis órgãos dos sentidos e acaba então a sensação; destruídas todas as seis entradas dos órgãos dos sentidos, a partir disso, além disso, a individualidade e a escolha de diferentes noções relacionadas cessarão. Destruída a consciência, a individualidade cessará; destruída a individualidade, perece então a consciência; acabada a consciência, a energia de sonho do carma não tem controle e ponto de apoio; findo o carma, acaba a ignorância de sonho; destruída a ignorância, os constituintes da vida individual então morrerão: o grande rishi foi assim aperfeiçoado em sabedoria.

Eis aqui a lista dos elos da cadeia do nirdana:

1. Ignorância
2. Carma
3. Consciência
4. Individualidade
5. Seis órgãos dos sentidos
6. Sensação
7. Percepção
8. Desejo
9. Apego
10. Ações
11. Nascimento
12. Morte

Surgiu o insight, a ignorância foi dissipada; a escuridão foi embora e raiou a luz. Assim sentou-se o Buda do nosso mundo atual, vigoroso, incandescente e senhor de si mesmo, cantando esta canção em seu coração:

"Muitas casas de vida me prenderam
Por muito tempo lutei para encontrar
Quem fez essas dolorosas prisões dos sentidos!
Mas agora, você construtor desse tabernáculo – você!
Eu lhe conheço! Jamais haverá você de construir de novo
Esses muros de dor, nem erguer a cumeeira
Dos enganos, nem assentar novos caibros sobre o barro;
Sua casa está demolida! E a viga mestra partida!
A delusão modelou-a! Ignorância é seu nome!
Passo agora em segurança para obter a liberação."

Nele, assim liberto, surgiram o conhecimento e a liberdade, e ele soube que o renascimento estava no fim, e que a meta havia sido atingida.

E para o benefício do mundo ele agora divisou o caminho, baseado nas quatro nobres verdades.

AS QUATRO NOBRES VERDADES

1. Toda vida é sofrimento... (toda existência está em situação de miséria, impermanência e irrealidade.)
2. A causa do sofrimento é o anseio ignorante
3. A supressão do sofrimento pode ser alcançada
4. O meio é o nobre caminho óctuplo.

E o nobre caminho óctuplo é o seguinte:

O NOBRE CAMINHO ÓCTUPLO

1. Ideias corretas, baseadas nas quatro nobres verdades
2. Resolução correta para seguir o caminho de saída do sofrimento
3. Fala correta, suave discurso tristonho com os irmãos e irmãs do mundo
4. Comportamento correto, conduta gentil, prestativa, casta em todos os lugares
5. Meio de vida correto, coleta inofensiva de comida para o sustento
6. Esforço correto, empenhando-se com energia e zelo nesse caminho sagrado
7. Atenção mental correta, mantendo em mente os perigos do outro caminho (o do mundo)
8. Meditação correta, praticar meditação e prece solitária para atingir o êxtase sagrado e graças espirituais para o bem da iluminação de todos os seres scientes (praticar diana para atingir samádi e samapatti).

"Quando esse conhecimento surgiu dentro de mim, meu coração e mente foram libertos da droga da luxúria, da droga do renascimento, da droga da ignorância."

Assim ele completou o final do "eu", do mesmo modo que o fogo se extingue por falta de grama; assim ele fez o que levaria os homens a fazer; ele encontrou o caminho do conhecimento perfeito. E, enquanto estava lá sentado resplandecente em toda sabedoria, perfeito em dons, ele soube que o caminho do conhecimento perfeito havia sido legado a ele pelos inumeráveis budas de outrora que vieram antes de todas as dez direções de todos os dez quadrantes do universo, onde ele agora os via em uma poderosa imagem reunidos em luminosidade e poder, sentados em seus tronos intrínsecos nas gloriosas flores de lótus por toda parte através dos fenômenos e do espaço e para sempre respondendo às necessidades de toda vida senciente em todos os reinos da existência, passado, presente e futuro.

Com o discernimento das grandiosas verdades e sua realização em vida o rishi tornou-se iluminado; atingiu assim <u>sambodhi</u> (sabedoria perfeita) e se tornou um buda. Corretamente <u>sambodhi</u> foi nomeado; isso pode ser alcançado apenas por esforço pessoal, sem o auxílio externo de um professor ou deus. Como diz o poeta:

> "Salvo sua própria luz elevada da alma
> Ninguém conduz o homem, ninguém jamais conduziu."

Os raios de sol matinais brilharam na aurora; dissipando-se, a névoa de aspecto poeirento desapareceu. A lua e as estrelas empalideceram sua luz tênue, todas as barreiras da noite foram removidas. Ele havia terminado essa primeira grande lição e a lição final e a lição de outrora; entrando na casa do grande rishi do sono sem sonhos, fixo em transe sagrado, ele havia alcançado a fonte da verdade inexaurível, a felicidade que nunca acaba e que não teve começo, mas que sempre esteve ali dentro da mente verdadeira.

Não foi pelo uso ansioso de meios externos que Buda desvendou a mente verdadeira e pôs fim ao sofrimento, mas por repousar calmamente em silêncio pensativo. Esse é o fato supremo do repouso abençoado.

Ele era <u>sihibhuto</u>, o acalmado.

Agora chegava o momento mais crítico da vida do Abençoado. Depois de muitos esforços ele havia encontrado as verdades mais profundas, verdades plenas de significado, mas compreensíveis apenas pelo sábio, verdades cheias de benção, mas difíceis de ser entendidas por mentes ordinárias. A humanidade era mundana e ansiava por prazer. Embora possuísse capacidade para conhecimento religioso e virtude e pudesse perceber a verdadeira natureza das coisas, apressava--se para fazer outras coisas e se emaranhava em pensamentos enganadores na teia da ignorância, como fantoches que se faz saracotear conforme algumas ideias contrárias arbitrárias e ignorantes que não têm nada a ver com sua imobilidade essencial e iluminada. Poderiam os homens compreender a lei da retribuição do carma deixado automaticamente por sonhos de ação prévios, ou a lei da conexão contínua de causa e efeito no mundo da moral? Poderiam se livrar da ideia animista de uma alma e captar a verdadeira natureza do homem? Poderiam superar a propensão de buscar salvação por meio de uma casta mediadora de sacerdotes e brâmanes? Poderiam entender o estado final de paz, aquele extinguir de todos os anseios mundanos que leva ao abrigo bem-aventurado do nirvana? Nessas circunstâncias, seria aconselhável para ele pregar para toda a humanidade as verdades que havia descoberto? Não poderia o fracasso resultar em angústia e dor? Essas foram as dúvidas e questões que surgiram em sua mente, mas apenas para serem sufocadas e extintas por pensamentos de compaixão universal. Ele que havia abandonado todo o egoísmo não poderia viver a não ser para os outros. Que modo de viver para os outros poderia ser melhor do que lhes mostrar o caminho para atingir a bem-aventurança perfeita? Que serviço à humanidade poderia ser maior do que resgatar as criaturas que lutavam engolfadas pelo mar lastimoso desse mundo sangsárico de dor e escombros? Não é a dádiva do Darma, a "lei estabelecida", a clareza de cristal transparente do mundo, a maior de todas as dádivas? O Perfeito ergueu os olhos para aquele rei das árvores com um olhar resoluto. "Essa lei é maravilhosa e sublime", ele considerou em seu coração, "ao passo que as pessoas estão cegas por estupidez e ignorância. O que vou fazer? No exato instante em que estou proferindo sílabas, seres são oprimidos por males. Em sua ignorância não vão prestar atenção na lei que anuncio, e em consequência disso vão incorrer em alguma penalidade. Seria melhor eu jamais falar. Possa minha extinção silenciosa ocorrer hoje mesmo."

Mas ao lembrar dos antigos budas e sua habilidade em todos os tipos de mundos, instruindo vários seres a realizar a verdade simples e perfeita: "Não, eu também vou manifestar a iluminação de Buda".

Para Sariputra e uma vasta e reverente assembleia de santos, Gautama recordou assim suas horas sob a árvore Bo: "Quando eu estava meditando dessa forma sobre a lei, os outros budas de todas as direções do espaço apareceram-me em seus corpos e ergueram a voz, gritando: 'Om! Amém, solitário, primeiro líder do mundo! Agora que chegaste ao conhecimento insuperável e estás meditando sobre a habilidade dos líderes do mundo, repetiste o ensinamento deles. Nós também, sendo budas, vamos esclarecer a palavra mais elevada, divididos em três corpos (corpo de aparência, corpo de bem-aventurança e corpo da lei), pois os homens têm propensões baixas e talvez por ignorância não acreditassem nisso: Vocês vão se tornar budas.

"'Por isso vamos estimular muitos seres sábios (bodisatvas-mahasattvas) pela exibição de habilidade e encorajamento do desejo de obter frutos.'

"E fiquei encantado ao ouvir a doce voz dos líderes dos homens; na exultação de meu coração eu disse aos santos abençoados: 'As palavras dos sábios eminentes não são faladas em vão.'

"'E eu também agirei conforme as indicações dos sábios líderes do mundo; tendo eu mesmo nascido em meio à degradação das criaturas, conheci a agitação desse mundo pavoroso.'

"Então concebi a ideia de que havia chegado a hora de eu anunciar a lei excelente e revelar a iluminação suprema, tarefa para a qual eu havia nascido no mundo.

"Em certas épocas, em certos lugares, de algum modo os líderes aparecem no mundo e, após o aparecimento, eles, cuja visão é ilimitada, irão em um momento ou outro pregar uma lei semelhante.

"É muitíssimo difícil deparar com essa lei superior, mesmo nas miríades de dez milhões de éons; muito raras são as criaturas que irão aderir à lei superior que ouviram dos budas.

"Assim como a flor da volumosa figueira é rara, ainda que às vezes, em alguns lugares e de algum modo, ela seja encontrada, sendo algo agradável à visão de todos, uma maravilha para o mundo, inclusive para os deuses.

"E muito mais maravilhosa é a lei que proclamo. Qualquer um que, ao ouvir uma boa exposição, aceitar animadamente e recitar apenas uma palavra, terá prestado uma honra a todos os budas.

"Descarte toda dúvida e incerteza a respeito disso: eu declaro que sou o darma-raja, o rei da lei.

"Vocês hão de se tornar budas; regozijem-se!"

Assim o Tathagata, Ele-que-Atingiu-a-Talidade-da--Mente e não vê mais diferença entre as várias criaturas e fenômenos, que não nutre mais concepções definidas de eu, outros eus, muitos eus separados, ou um eu universal indiviso, para quem o mundo não é mais digno de nota, exceto como uma aparição lamentável, contudo sem concepção arbitrária de sua existência ou inexistência, pois pensa não em medir a substancialidade de um sonho, mas apenas em despertar dele; assim o Tathagata, respeitosamente composto e calado, radiante de glória, irradiando luz em redor, ergueu-se de debaixo da árvore da Iluminação e com dignidade ímpar avançou sozinho sobre a terra de aspecto de sonho como se cercado por uma multidão de seguidores, pensando: "Para cumprir meu antigo juramento, para resgatar todos os ainda não liberados, seguirei meu antigo voto. Deixe que aqueles que têm ouvidos escutem o mestre do nobre caminho da salvação."

Ele rumou para Benares, a capital do mundo.

Na estrada encontrou um antigo conhecido, Upaka, um monge jainista nu, que, impressionado pela aparência majestosa e alegre do ser humano que sem ajuda havia acabado de se lembrar da origem do mundo e ao encontrar o caminho esquecido havia renovado o antigo voto que estivera por muito tempo oculto no mundo como a joia no lótus, indagou: "Quem é o professor sob cuja orientação você renunciou ao mundo?"

"Não tenho mestre", respondeu o Iluminado, "nem tribo honorável, nem ponto de excelência; autoinstruído na doutrina mais profunda, cheguei à sabedoria sobre-humana.

"Por toda Benares logo soará o tambor da vida, nenhuma demora é possível – não tenho nome, nem busco lucro ou prazer.

"Aquilo que cabe ao mundo aprender, mas no mundo inteiro nenhum aprendiz encontrou, agora eu mesmo e por mim mesmo aprendi por completo; aquilo corretamente chamado de sabedoria perfeita.

"A odiosa família dos desgostos a espada da sabedoria destruiu, isso pois é o que o mundo chamou, e chamou corretamente, de 'vitória mais importante'."

E ele disse: "Não tenho mestre. Não existe um igual a mim. Sou o perfeito, Buda. Atingi a paz. Obtive o nirvana. Para encontrar o reino da justeza estou indo a Benares. Lá hei de acender a lamparina luminosa para o benefício daqueles que estão envoltos na escuridão lúgubre da vida e da morte."

"Você declara ser o conquistador do mundo?", inquiriu o monge.

O Desperto respondeu: "Conquistadores do mundo são aqueles que conquistaram o eu, só aqueles que controlam suas paixões e se abstêm do pecado são vencedores. Conquistei o eu e superei todo o pecado. Sou, portanto, o conquistador do mundo.

"Assim como uma lamparina brilha na escuridão sem um propósito exclusivo, autorradiante, do mesmo modo arde a lamparina do Tathagata, sem sombra de sentimento pessoal."

E ele avançou para Benares.

Lá, no Parque dos Cervos de Isipatana, ficavam os cinco mendicantes ascetas com quem ele havia passado seis anos infrutíferos na Floresta da Mortificação. Eles o viram chegando devagar, os olhos baixos em circunspecção e modéstia, como um arado pelo solo, como se estivesse arando e plantando a lavoura ambrosíaca da lei enquanto andava. Eles escarneceram.

"Lá vem Gautama, que quebrou seu primeiro voto ao desistir das práticas ascéticas e da mortificação. Não se levantem para saudá-lo, cumprimentem-no sem cortesia, não ofereçam os agrados de costume quando ele chegar."

Porém, quando Buda aproximou-se de maneira nobre, eles levantaram-se de seus assentos de forma involuntária e, a despeito da resolução, saudaram-no e se ofereceram para lavar seus pés e fazer tudo que ele solicitasse. Aquilo infundiu reverência em seus corações. Mas dirigiram-se a ele como Gautama, seu nome de família. Então seu Senhor disse-lhes: "Não me chamem por meu nome particular, pois é uma forma rude e descuidada de se dirigir àquele que obteve a santidade (estado de arhat). Minha mente não é perturbada quer as pessoas me tratem com respeito ou desrespeito. Mas não é cortês da parte dos outros chamar pelo nome de família alguém que estima igualmente todos os seres vivos com um coração bondoso. Os budas trazem salvação ao mundo e devem portanto ser tratados com o respeito com que os filhos tratam os pais."

Então ele pregou seu primeiro grande sermão.

É conhecido como o "Sermão de Benares", o Darma-chakra-pravartana Sutra, no qual ele explicou as quatro nobres verdades e o nobre caminho óctuplo, e converteu os ascetas. Totalmente versado na verdade mais elevada, pleno de inteligência todo-abrangente, Buda declarou rapidamente, para o bem deles, o verdadeiro caminho, o Caminho do Meio.

"Existem dois extremos, ó bhikshus (andarilhos religiosos), que o homem que desistiu do mundo não deve seguir – de um lado, a prática habitual da autoindulgência, que é indigna, vã e adequada apenas para os de mente mundana, e de outro lado a prática habitual da automortificação, que é dolorosa, inútil e improfícua.

"Nem a abstinência de peixe ou carne, nem andar nu ou raspar a cabeça, nem vestir um traje grosseiro, nem se cobrir de sujeira, nem fazer sacrifícios ao fogo vai limpar um homem que não esteja livre de delusões.

"Raiva, embriaguez, teimosia, fanatismo, trapaça, inveja, autoelogio, depreciação dos outros, arrogância e intenções maldosas, isso constitui impureza; e não comer carne.

"Um caminho intermediário, ó bhikshus, evitando esses dois extremos, foi descoberto por Buda – um caminho que abre os olhos e concede entendimento, que leva à paz da mente, à sabedoria mais elevada, à iluminação plena, ao nirvana.

"Espalhe o fogo entre a grama do deserto, seca pelo sol, soprada pelo vento – quem haverá de extinguir as chamas furiosas? Assim é o fogo da ganância e da luxúria; eu, então, rejeito ambos os extremos: meu coração mantém-se no caminho do meio.

"Aquele que enche sua lamparina com água não vai dissipar a escuridão, e aquele que tenta acender fogo com madeira podre vai fracassar.

"Aquele cujo eu tornou-se extinto está livre da luxúria; o homem autoindulgente é levado por aí por suas paixões, e a busca de prazer é degradante e vulgar.

"Mas satisfazer às necessidades da vida não é ruim. Manter o corpo com boa saúde é um dever, pois do contrário não seremos capazes de regular a lamparina da sabedoria e manter nossa mente firme e clara."

E então o Onisciente expôs as boas-novas da verdade do sofrimento e da destruição do sofrimento. Os cinco mendicantes, conduzidos pelo grande Kaundinya, ficaram atônitos ao aprender que a felicidade só poderia vir através do reconhecimento da dor! E ele mostrou-lhes o caminho óctuplo das ideias adequadas, a tocha para iluminar o caminho; aspirações adequadas, o guia; fala gentil adequada, o local de morada na estrada; comportamento adequado, e o andar só pode ser reto em frente; meios adequados de ganhar a vida, de modo a não ferir nenhum ser vivo ou enganar nenhuma criatura, esse é o sustento do homem sagrado, do homem bom, do homem feliz; esforços adequados, os passos e o progresso ao longo da trilha imemorial muitas vezes esquecida e de novo encontrada; pensamentos adequados constantes, pensamentos atentos sobre a verdadeira natureza da realidade, que é como um reflexo mágico em um sonho, uma miragem ("Na realidade tudo é uma vacuidade semelhante, mas vocês não estão livres da realidade, ó meus bhikshus!"); e meditação adequada, a clara paz adorável que segue as pegadas assim gravadas no solo.

Essa foi a mensagem de liberação, a boa notícia, a doçura da verdade. "E quando, dessa forma, o Abençoado pôs a girar em frente a roda da carruagem real da verdade, um êxtase fremiu pelo universo.

"É verdade, ó Buda, nosso Senhor, tu encontraste a verdade!", gritou Kaundinya, discernindo subitamente com seu olho mental, e então os outros bhikshus também se juntaram a ele e exclamaram: "É verdade, tu és Buda, tu encontraste a verdade."

Os cinco mendicantes ascetas receberam a ordenação e formaram o núcleo inicial da irmandade sagrada de discípulos conhecida como <u>Sangha</u> (a igreja). Milhões e milhões viriam depois deles. Buda entrou em Benares e mendigou alimento. Como a água que conquista os vales do mundo porque se mantém rasa, Buda foi o conquistador do mundo porque escolheu o papel mais humilde. Ao mesmo tempo, esse era o mais precioso dos ensinamentos, o ensinamento sem palavras, ensinando humildade e caridade aos bons chefes de família da terra, que, vendo aquele senhor dos homens alto e imponente chegar de mansinho na porta dos fundos com uma tigela de esmolar, aprendiam desse modo a lição pueril e confiante com os próprios olhos.

A seguir ele foi até uma árvore nos arredores da cidade, fora da estrada movimentada, comeu, largou a tigela, sentou-se sobre as pernas e meditou em êxtase sagrado.

Havia um jovem chamado Yasa, filho de um mercador muito rico de Benares, que tinha ficado subitamente desgostoso com a visão das mulheres de seu harém enquanto dormiam e vagava como um louco, muito aflito pelas dores do mundo. Seus 44 companheiros turbulentos seguiam-no pelo campo, ele era tão espantoso. Ele chegou a Buda gritando: "Ai! Quanta dor! Quanto perigo!" Buda consolou-o. Assim como um tecido limpo absorve tinta, Yasa absorveu o ensinamento de que o que quer que esteja sujeito a nascimento está sujeito também a morte. Buda apontou o caminho para a benção do nirvana e tornou-o seu discípulo. Vendo que Yasa havia se tornado um bhikshu, seus antigos 44 companheiros joviais também se juntaram à Sangha. O Abençoado enviou os 45 novos convertidos e os cinco convertidos originais como missionários em diferentes direções para pregar sua religião universal.

"Vão em frente, em uma jornada que há de ser para o bem e a felicidade de muitos.

"Vão em frente em compaixão, rumo ao mundo, para o bem-estar dos deuses e dos homens.

"Vão em frente aos pares, mas cada um com seu trabalho. Vão! Resgatem e recebam.

"Ensinem a lei benéfica; revelem a vida sagrada aos homens cegos pela poeira do desejo.

"Eles perecem por falta de conhecimento.

"Ensinem-lhes a lei."

Dessa forma, munidos de continência, solidão pueril e vitalidade concentrada, saíram para salvar o mundo. As árvores estavam floridas de carmim, e o momento era prenhe de esperança. Eles agora falariam como verdade mais elevada aquilo de que secretamente sempre suspeitaram, mas até então sem um edificador como Buda para consagrar sua certeza. Tinham ouvido que estavam certos o tempo todo, como um sonho já acabado há muito. A flor da Sangha desabrochou na Índia e no mundo. "A fragrância do justo viaja para longe e se espalha."

Nessa ocasião um homem foi a Buda querendo saber se poderia permanecer em casa na condição de leigo e ao mesmo tempo reverenciar a lei. A resposta foi: "O leigo e o eremita são o mesmo quando ambos baniram o pensamento do 'eu', olhando com a mesma mente tudo que vive."

Logo depois Buda recebeu a adesão de mil novos discípulos pela conversão de três destacados ascetas adoradores do fogo, os irmãos Kasyapa, com todos os seus seguidores. Foi na Rocha do Elefante, perto de Gaya, com o lindo vale de Rajagaha estendido diante deles, que Buda, aproveitando um súbito incêndio no mato no horizonte, proferiu o famoso grande Sermão do Fogo (Aditta-Pariyaya-Sutra) para os mil sacrificadores do fogo que no passado haviam sido todos monges de cabelos emaranhados.

"Todas as coisas, ó sacerdotes, estão em fogo. E o que, ó sacerdotes, são todas essas coisas que estão em fogo?

"O olho, ó sacerdotes, está em fogo; as formas estão em fogo; a consciência do olho está em fogo; as impressões recebidas pelo olho estão em fogo; e qualquer sensação que seja, agradável ou desagradável, ou indiferente, que se origina na dependência de impressões recebidas pelo fogo, também está em fogo.

"E com o que estão em fogo?

"Com o fogo das paixões, digo eu, com o fogo do ódio, com o fogo do fascínio; com nascimento, velhice, morte, dor, lamentação, miséria, pesar e desespero estão em fogo.

"O ouvido está em fogo, os sons estão em fogo; o nariz está em fogo, os odores estão em fogo; a língua está em fogo, os sabores estão em fogo; o corpo está em fogo, as coisas tocáveis estão em fogo; o cérebro está em fogo, as ideias estão em fogo; a mente-consciência está em fogo, as impressões recebidas pela mente estão em fogo; e qualquer sensação agradável ou desagradável, ou indiferente, que se origina na dependência das impressões recebidas pela mente, também está em fogo.

"Percebendo isso, ó sacerdotes, o ser instruído e nobre concebe aversão pelo olho, aversão pelas formas, aversão pela consciência do olho, aversão pelas impressões recebidas pelo olho; e qualquer sensação, agradável ou desagradável, ou indiferente, que se origina na dependência de impressões recebidas pelo olho, por essa ele também concebe aversão. Concebe aversão pelo ouvido, sons; pelo nariz, odores; pela língua, sabores; concebe aversão pelo corpo, coisas tocáveis; pelo cérebro, ideias; pela mente-consciência, pelas impressões recebidas pela mente; e qualquer sensação, agradável ou desagradável, ou indiferente, que se origina na dependência de impressões recebidas pela mente, por essa ele também concebe aversão.

"E, ao conceber essa aversão, ele torna-se despido de paixão, e por essa ausência de paixão ele torna-se livre.

"E, quando está livre, ele fica ciente de que é livre.

"E ele sabe que o renascimento está esgotado, que ele viveu a vida sagrada, que fez o que lhe cabia fazer, e que ele não é mais desse mundo."

E essa é a realidade.

Seguido por seus numerosos discípulos o Abençoado desceu a Rajagriha, a capital de Magadha.

Lá, o rei Bimbisara, que originalmente havia indagado o príncipe sobre a conveniência de deixar o palácio pela vida sem lar e depois o fizera prometer voltar a Rajagriha se um dia descobrisse a sabedoria perfeita, foi com seus conselheiros, generais, sacerdotes brâmanes e comerciantes ao local onde o honrado pelo mundo agora permanecia em um bosque sossegado. Quando o rei e seus acompanhantes viram o famoso Uruvilva Kasyapa com o Abençoado, indagaram-se sobre o que havia acontecido. Mas Kasyapa esclareceu tudo prostrando-se aos pés do Abençoado, e explicou como, depois de ver a paz do nirvana, não mais conseguiu achar encanto em sacrifícios e oferendas "que não prometiam recompensas melhores que prazeres e mulheres", como afirmou o velho escritor. Pois para esses antigos monges, Buda, percebendo claramente o nascimento como causa da morte e os atos de luxúria como causa de nascimento, era como alguém parado na margem chamando o homem mundano à deriva na correnteza: "Ei, você aí! Desperte! O rio em seu sonho pode parecer agradável, mas abaixo há um lago com corredeiras e crocodilos, o rio é o desejo maligno, o lago é a vida sensual, suas ondas são a raiva, suas corredeiras são a luxúria, e os crocodilos são as mulheres."

Buda, estudando a pessoa e depois ensinando a lei, percebeu que o rei e seus orgulhosos acompanhantes eram homens que possuíam riqueza e poder, mas tinham ido vê-lo devido a uma dúvida considerável de que aquilo no fim pudesse ser de alguma utilidade para eles. Verdadeiramente iluminado, ele mostrou que não havia individualidade a respeito de riqueza ou pobreza, nem de iluminação ou ignorância, não, nem tampouco de estar vivo ou estar morto. Ele ensinou que um homem não passa de um amontoado de componentes.

"Feita uma fortaleza de ossos, depois ela é coberta de carne e sangue, e ali habitam velhice e morte, orgulho e engano.

"Olhem para esse trambolho vestido, coberto de feridas, um amontoado, doentiamente cheio de esquemas variados, mas que não tem vigor, nem poder.

"Não existe lugar para 'eu' nem base para enquadrá-lo; de modo que, reconhecendo-se toda massa acumulada de dor –

dores nascidas da vida e da morte – como atributos do corpo, e visto que esse corpo não é 'eu' nem oferece base para o 'eu', chega-se então ao grande superlativo, a fonte de paz sem fim.

"O pensamento de 'eu' dá origem a todas essas dores, atando o mundo como que com cordas, mas, tendo se verificado que não existe um 'eu' que possa ser atado, todos os vínculos são então cortados.

"Não existem vínculos de fato – eles desaparecem – e ver isso é a libertação.

"Não existe 'eu' em absoluto, na verdade.

"Nenhum autor e nenhum conhecedor, nenhum senhor; porém, sempre resta nascimento e morte, como manhã e noite sempre se repetindo.

"Mas agora prestem atenção em mim e escutem: esses seis sentidos e seus seis objetos reunidos causam os seis tipos de consciência; o encontro de olho e visão ocasiona o contato, produz consciência da visão; o encontro de ouvido e som ocasiona o contato, produz consciência do som; o encontro de língua e sabor ocasiona contato, produz consciência do sabor; o encontro de nariz e odor ocasiona o contato, produz consciência do odor; o encontro de corpo e objeto tocável ocasiona o contato, produz consciência do toque; e o encontro de cérebro e pensamento ocasiona o contato, produz consciência do pensamento; seguem-se então os efeitos entrelaçados da recordação.

"Assim como o vidro ustório causa o aparecimento de fogo quando é colocado sobre o pavio no sol a pino, do mesmo modo o órgão do sentido colocado em contato com o objeto causa o aparecimento da consciência, e o eu individual, o pai da consciência, nasce.

"O rebento brota da semente, a semente não é o broto, não é o broto e contudo não é diferente: assim é o nascimento de tudo o que vive!"

Ao ouvir esse discurso sobre a inconstância do eu que, oriundo de sensação e recordação, deve necessariamente estar sujeito à condição de cessação, o rei e muitos daqueles que o acompanhavam tomaram refúgio nas Três Joias (Tri-Ratna) de Buda, do Darma e da Sangha e se tornaram seguidores leigos. O rei então convidou o Abençoado para o palácio real, recebeu-o com os bhikshus e presenteou a Sangha com seu jardim de prazer, o Bosque de Bambu de Veluvana, para ser um local de moradia dos discípulos sem lar do grande professor. Então nomeou Jivaka, seu famoso médico particular, para se encarregar do atendimento médico de Buda e de seus seguidores; e foi por sugestão desse médico que os bhikshus, que antes vestiam apenas trapos jogados fora, tiveram permissão para aceitar mantos tingidos de amarelo dos leigos devotos.

O Bosque de Bambu ficava perto da cidade, mas não tão próximo, com muitos portões e caminhos públicos, fácil de achar por aqueles que o buscavam, pacífico e sossegado o dia inteiro, misticamente silencioso à noite, longe de multidões e estradas, um local planejado para retiro e concentração imperturbada da mente em sua própria essência pura, ainda que encantadoramente provido de jardins, claustros, salões de meditação, cabanas, despensas cercadas por tanques de lótus, mangueiras perfumadas e palmeiras-leque delgadas que se erguiam no céu como flores etéreas, como sombrinhas aquosas fantásticas de dor viva lembrando os monges, quando as olhavam, de como as sementes, como prazeres, perturbavam o equilíbrio da base feliz e brotavam em fantasias de árvores altas como o céu.

Certo dia em Rajagriha um dos primeiros cinco convertidos ordenados por Buda, o ex-asceta Asvajit, estava saindo para a ronda em busca de doações com sua tigela de esmolar quando o monge Sariputra apareceu e ficou tão impressionado pela aparência de jovialidade e dignidade de Asvajit que perguntou:

"Quem é seu professor e que doutrina ele professa?" Sariputra tinha um irmão de sangue espiritual chamado Maudgalyayana; há muito tempo eles haviam combinado que o primeiro a encontrar a ambrosia e conhecer a verdade deveria contar ao outro; agora, enquanto Asvajit falava, dizendo: "Existe um grande sábio, um filho dos Sakyas, que partiu para a vida sem lar; ele é meu professor e é a doutrina dele que professo", e cantava nas célebres linhas:

> "Quaisquer coisas que provenham de uma causa,
> Delas Buda estabeleceu a causa
> E qual é sua dissolução.
> Isso é o que ensina o grande",

Sariputra soube na mesma hora que havia encontrado a Ambrosia e foi a Maudgalyayana e contou o que tinha ouvido. Ambos chegaram ao olho puro da verdade e foram ao Tathagata com todos os seus discípulos. Ao vê-los chegando pela estrada, o Abençoado disse:

"Esses dois homens que chegam hão de ser meus dois seguidores mais eminentes, um insuperável pela sabedoria (Maudgalyayana), o outro pelos poderes miraculosos (Sariputra). Bem-vindos!"

A autoria de várias seções importantes do cânone sagrado foi atribuída a esses dois santos brilhantes. Com todos os seus seguidores eles tomaram refúgio na ordem.

Havia um sábio brâmane de imensa riqueza, Mahae Kasyapa, um sacerdote erudito e filantrópico cujo renome havia se espalhado, que havia acabado de renunciar à bela e virtuosa esposa e a toda sua propriedade e bens para encontrar o caminho da salvação. Muito perturbado, como o turbulento garoto Yasa, ele foi parar no acampamento de Buda no meio da noite.

"Havendo se regozijado na lei verdadeira e humildemente desejoso de um coração puro e crente, você superou o desejo por sono e estás aqui para me prestar reverência", falou Buda de modo gentil. "Para seu bem, agora então irei dispensar por completo os deveres de um primeiro encontro. Você é famoso por sua caridade; receba de mim agora a caridade do repouso perfeito, e para essa finalidade aceite minhas regras de pureza."

O Onisciente desejava acalmar o exercício contumaz de distribuição de dádivas desnecessárias do homem rico para ensinar-lhe o principal repouso necessário. "A agitada natureza atarefada do mundo – declaro que essa é a raiz de toda dor.

"Vendo a lida constante de nascimento e morte, devemos nos esforçar para atingir um estado passivo: a meta final de sammata, o local de imortalidade e repouso.

"Tudo é vazio! Nem 'eu', nem lugar para 'eu', pois o mundo todo é como uma fantasia; essa é a maneira de nos considerarmos, como nada mais que um amontoado de qualidades compostas."

Mahae Kasyapa entendeu que não existe um "eu" no tocante à caridade.

"Agora você viu a doutrina verdadeira, seu coração sincero adora exercitar a caridade; visto que riqueza e dinheiro são tesouros inconstantes, é melhor dar depressa tais coisas para os outros.

"Pois, quando um tesouro é queimado, quaisquer coisas preciosas que tenham escapado do fogo, o homem sábio, sabendo da inconstância de tais coisas, doa-as livremente, fazendo atos de bondade com as posses salvas.

"Mas o tolo guarda-as cuidadosamente, temendo perdê-las, esgotado pela ansiedade, importunado por medos imaginários no pesadelo de que possa perder 'tudo', sim, até mesmo seu 'eu'.

"O homem caridoso não sofre de arrependimento, nem de medo torturante! Essa é a flor desabrochada de sua recompensa, o fruto que se segue – difícil de conjeturar! A sabedoria dita o caminho da serenidade fixa sem dependência e sem números.

"Ouça!

"E se um dia chegarmos ao caminho imortal, ainda assim nos satisfaremos por atos contínuos de caridade em consequência da caridade bondosa feita em outras ocasiões.

"Então saiba! O homem caridoso encontrou a causa da salvação final; assim como o homem que planta uma nova árvore recebe em consequência a sombra, as flores, o fruto da árvore crescida, o resultado da caridade é o mesmo; sua recompensa é alegria e o grande nirvana.

"Dando nossa comida obtemos mais vigor, dando nossas roupas obtemos mais beleza; fundando locais de repouso religioso colhemos o fruto perfeito do mais elevado e melhor grau de caridade, sem interesse pessoal ou pensamento de obter mais; e assim o coração retorna e repousa."

Essa foi a pregação do que mais tarde ficou conhecido como dana paramita, o ideal de caridade, um dos seis ideais encaixados nos seis últimos passos do caminho óctuplo como um belo ornamento. São eles: dana, ideal de caridade; sila, ideal de bondade; kshanti, ideal de paciência; virya, ideal de zelo; diana, ideal de meditação; e prajna, ideal de sabedoria. O grande brâmane, tendo recebido o sermão e se convertido, cantou esta canção:

"Larguei o fardo pesado que carregava,
Causa de renascimento não mais se encontra em mim.
Pois nunca pensamentos sobre vestuário, nem sobre comida,
Nem sobre quando descansar afetam a grande mente
Imensurável de nosso Gautama.
O pescoço dele é como a torre quádrupla
Da atenção mental erguida; sim, o grande profeta
Tem fé e confiança como mãos;
No alto, sua testa é insight; nobremente sábio
Ele sempre caminha em serena bem-aventurança."

Após a morte de Buda, Mahae Kasyapa tornou-se o primeiro patriarca da igreja budista e organizou a importantíssima compilação das escrituras budistas, o cânone sagrado (o <u>Tripitaka</u>, ou Três Cestos) sem o qual nenhuma das palavras do Abençoado teria chegado a nós 2,5 mil anos depois. Mas na mente de Buda, o Desperto, esses 2,5 mil anos são apenas uma gota de orvalho. "A linha da lei forma uma continuidade ininterrupta. Em todas as direções do espaço há budas, como a areia do Ganges; eles também, para o bem-estar de todos os seres do mundo, expõem a iluminação superior. E eu também estou manifestando nesse momento, para o bem das criaturas que vivem agora, essa iluminação de Buda em milhares de milhões de várias direções. Revelo a lei na sua multiplicidade e conforme as inclinações das criaturas. Uso diferentes meios para estimular cada um de acordo com seu caráter. Portanto, tentem entender o mistério dos budas, os mestres sagrados do mundo; abandonem toda dúvida e incerteza: vocês hão de se tornar budas: regozijem-se!"

Depois da conversão de Mahae Kasyapa, caminhando pela trilha da terra Gautama Sakyamuni retornou ao país onde havia nascido, no distrito de Gorakpur, onde seu pai, o rei Suddhodhana, governava. Seguido por seus numerosos homens de santidade, e não obstante avançando com a misteriosa solidão grave do elefante, ele adentrou por muitas milhas de Kapilavastu, onde ainda situava-se o palácio de sua juventude, tão irreal agora, na reflexão iluminada de Buda semelhante a um espelho, como um determinado castelo em um conto infantil criado unicamente para fazer as crianças acreditarem em sua existência. O rei ouviu falar da chegada e veio na mesma hora, ansioso e preocupado.

Ao vê-lo, proferiu estas palavras pesarosas: "Então agora vejo meu filho, seus traços bem conhecidos como outrora; mas quão distante seu coração! Não há efusão agradável da alma; frio e ausente ele lá se senta."

Olharam um para o outro como pessoas pensando em um amigo distante ao ver por acaso um retrato dele.

Buda: "Sei que o coração do rei está cheio de amor e recordações, e que por causa de seu filho ele acumula pesar em cima de pesar; mas deixe agora que as ataduras de amor que o prendem, pensando no filho, sejam instantaneamente soltas e completamente destruídas.

"Cessando os pensamentos de amor, deixe que sua mente acalmada receba de mim, seu filho, nutrição religiosa como nenhum filho até agora ofereceu ao pai; é isso que ofereço a você, rei, meu pai.

"O caminho superlativo da bem-aventurança imortal ofereço agora ao marajá; da acumulação de ações vem o nascimento; como resultado das ações vem a recompensa. Sabendo então que ações trazem frutos, assim como a roda segue a pata do boi que puxa a carroça, com quanta diligência você deve tentar livrar-se das ações mundanas! Quanto cuidado para que no mundo suas ações sejam apenas boas e gentis!

"Porém, você não deve praticar ações gentis em favor de um nascimento celestial, mas sim para que dia e noite, corretamente livre de pensamentos rudes, amando igualmente tudo que vive, você possa esforçar-se para se livrar de toda confusão da mente e praticar contemplação silenciosa; no fim, apenas isso traz benefício; além disso não há realidade.

"Fique certo disso! Terra, céu e inferno não passam de espuma e bolhas do mar.

"Nirvana! Esse é o repouso principal.

"Serenidade! Esse é o melhor de todos os desfrutes.

"Infinitamente sossegado é o local onde o homem sábio encontra sua morada; nenhuma necessidade de armas ou munição ali! Nada de elefantes ou cavalos, carruagens ou soldados ali!

"Banidos, de uma vez por todas, nascimento, envelhecimento e morte.

"Subjugados o poder do desejo ganancioso e os pensamentos irados e a ignorância, não resta nada a ser conquistado na amplitude do mundo!"

Tendo ouvido do filho sobre como desprender-se do medo e escapar dos caminhos nocivos do nascimento de maneira tão digna e terna, o rei deixou sua propriedade real e país e adentrou nos calmos fluxos de pensamentos, o portão da verdadeira lei da eternidade. Em doce meditação, Suddhodana bebeu orvalho. À noite, lembrando de seu filho com orgulho, olhou para as estrelas infinitas e de súbito percebeu: "Como fico alegre por estar vivo para reverenciar esse universo estrelado!", e então: "Mas não se trata de estar vivo, e o universo estrelado não é necessariamente o universo estrelado", e ele entendeu a completa estranheza e contudo a trivialidade da sabedoria insuperável de Buda.

Acompanhado de Maudgalyayana, o Abençoado visitou no palácio a mulher que havia sido sua esposa, a princesa Yasodhara, com o propósito de levar seu filho Rahula para a estrada com ele. A princesa Yasodhara argumentou em favor da herança do garoto, que agora tinha dezenove anos. "Vou dar a ele uma herança mais importante", disse Buda, e solicitou a Maudgalyayana para raspar a cabeça do filho e admiti-lo na irmandade da Sangha.

Depois disso partiram de Kapilavistu. Nos jardins de prazer encontraram um grupo de príncipes Sakyas, todos primos de Gautama, entre eles seus primos Ananda e Devadatta, que se tornariam, respectivamente, seu maior amigo e seu maior inimigo. Alguns anos depois, quando o Abençoado indagou a Ananda o que havia lhe impressionado no modo de vida de Buda e o que mais o influenciara a abandonar todos os prazeres mundanos e permitido que extirpasse os anseios sexuais da juventude, de modo a perceber a verdadeira essência da mente e seu resplendor autopurificante, Ananda respondeu alegremente: "Oh, meu Senhor! A primeira coisa que me impressionou foram as 32 marcas de excelência na personalidade de meu Senhor. Elas me apareceram muito bem, suaves e brilhantes, e transparentes como um cristal." Esse jovem afetuoso aproximou-se de Maudgalyayana no brilhantismo do aprendizado, mas a combinação de amor quase apaixonado pelo mestre e agudeza erudita superior impediram-no de atingir os estados de bem-aventurança da mentalidade imparcial experienciados por bhikshus menos importantes, alguns deles velhos vagabundos incultos como Sunita, o varredor de rua; Alavaka, o canibal (ele havia de fato sido canibal em Atavi antes da iluminação); ou Ugrasena, o acrobata. Ananda ficou conhecido como o Sombra, sempre seguindo as pegadas do Abençoado, mesmo quando ele acelerava, passo a passo e logo atrás, virando onde ele virava, sentando-se quando ele sentava. Depois de um tempo, tornou-se hábito de Ananda servir seu Mestre, arrumando-lhe um local para sentar ou indo na frente para fazer os preparativos nas cidades, proporcionando-lhe pequenas gentilezas quando necessário, um companheiro constante e atendente pessoal, que o Abençoado aceitou sem dizer nada.

Em grave contraste ficou o outro primo, Devadatta. Invejoso e tolo, juntou-se à ordem na esperança de aprender as graças do samapatti transcendental que vêm depois da meditação sagrada mais elevada para poder usá-las como magia poderosa, até mesmo contra Buda, caso necessário, em seus planos de fundar uma nova seita ele mesmo. As graças do samapatti incluíam telepatia transcendental. A avareza maligna de Devadatta não ficou aparente naquele primeiro encontro nos jardins de Gorakpur. Olhando todos os seres como igualmente amados, igualmente vazios e igualmente futuros, para o Abençoado fazia pouca diferença o que Devadatta nutria em seu coração no momento da ordenação. Mesmo mais tarde, depois de Devadatta atentar contra a vida de Buda, como será mostrado, com poderosa doçura o Exaltado abençoou seu coração interior.

O professor e seus discípulos avançaram para Rajagaha, onde foram recebidos pelo imensamente rico mercador Sudatta, que era chamado de Anathapindika por conta da caridade aos órfãos e pobres. Esse homem havia acabado de comprar por enorme quantia o magnífico Parque de Jetavana de um príncipe real e construiu um mosteiro esplêndido com oitenta celas e outras residências com terraços e banhos para Buda e seus discípulos ordenados. O Abençoado aceitou o convite e fez ali sua morada, bem na saída da grande cidade de Sravasti. Durante as estações da chuva ele voltava a Rajagaha para ficar no mosteiro do Bosque de Bambu.

A maior parte do tempo ele passava em solidão na floresta; os outros monges sentavam-se separados, também praticando meditação, sorvendo o exemplo de tremendo silêncio repleto de amor que emanava da parte da floresta onde Buda sentava-se meigo em um trono de grama, sofrendo por muito tempo sob a paciência da árvore que o abrigava. Às vezes essa vida era agradável ("Florestas são deliciosas; onde o mundo não encontra deleite, ali o desprovido de paixão encontrará deleite, pois não procura prazeres"); às vezes não era agradável:

"Fria, mestre, é a noite de inverno", cantavam os monges. "A época do gelo está chegando; duro é o solo com a trilha dos cascos do gado; tênue é o leito de grama e leve é o manto amarelo: o vento de inverno sopra cortante." Mas esses homens, assim como seus antepassados santos na longa tradição das Índias, haviam se animado e despertado a si mesmos para a dignidade incomparável de saber que havia coisas piores do que a mosca que pica, a serpente que se esgueira, a chuva gelada do inverno ou o vento escorchante do verão. Tendo escapado do desgosto da luxúria e dissipado as nuvens e névoas do desejo sensual, Buda aceitava tanto comida boa quanto ruim, o que quer que aparecesse, de ricos ou pobres, sem distinção, e, tendo enchido seu prato de esmolar, então voltava para a solidão, onde meditava em sua prece pela emancipação do mundo do desgosto bestial e das incessantes ações sangrentas de morte e nascimento, morte e nascimento, das ignorantes guerras rangentes e clamorosas, da matança de cachorros, das histórias, asneiras, pai batendo no filho, criança atormentando criança, amante arruinando amante, ladrão atacando sovina, palermas sanguinários olhando de esguelha, petulantes, loucos, dementes, gemendo por mais luxúria sangrenta, bêbados completos, simplórios correndo para cima e para baixo entre sepulturas de sua própria autoria, sorrindo afetados por toda parte, meros <u>tsorises</u> e estalos de sonho, uma besta monstruosa despejando formas de uma pletora central, tudo enterrado em escuridão insondável crocitando pela esperança otimista de que só pode haver extinção completa, por base inocente e sem qualquer vestígio de qualquer natureza do eu que seja; pois, caso fossem removidas as causas e condições da insanidade ignorante do mundo, a natureza de sua não ignorância não insana seria revelada, como o filho da madrugada entrando no céu através da manhã no lago da mente, a mente pura, verdadeira, a fonte, essência original perfeita, a radiância do vácuo vazio, divina por natureza, a única realidade, imaculada, universal, eterna, cem por cento mental, sobre a qual é gravada toda essa escuridão cheia de sonho, sobre a qual essas formas corpóreas irreais aparecem por um momento e então desaparecem pela eternidade.

 Milhares de monges seguiram o Desperto, deixando um rastro atrás dele. Na última noite de lua cheia de outono o Exaltado tomou assento em meio à assembleia de monges sob o dossel celeste. E o Exaltado contemplou a silenciosa e calma assembleia de monges, e falou a eles como segue:

"Nenhuma palavra é falada, ó monges, por essa assembleia, nenhuma palavra é proferida, ó monges, por essa assembleia, essa assembleia consiste de pura essência.

"Tal é, ó monges, essa fraternidade de discípulos, que é digna de oferendas, de oblações, de presentes e homenagem e é a mais nobre comunidade do mundo.

"Tal é, ó monges, essa fraternidade de discípulos, que um pequeno presente dado a ela torna-se grande, e um grande presente dado a ela torna-se ainda maior.

"Tal é, ó monges, essa fraternidade de discípulos, que é difícil encontrar outra como ela no mundo.

"Tal é, ó monges, essa fraternidade de discípulos, que se fica muito alegre em caminhar muitos quilômetros para contemplá-la, mesmo que seja apenas de trás.

"Tal é, ó monges, essa fraternidade de discípulos, tal é, ó monges, essa assembleia, que existem entre esses discípulos, ó monges, alguns monges que são os perfeitos, que chegaram ao fim da ilusão, que atingiram a meta, que cumpriram a tarefa, que largaram o fardo, conquistaram sua liberação, destruíram os grilhões da existência, e que, por meio do conhecimento superior, libertaram a si mesmos."

E para o desperto que veio antes dele e todos os budas de todos os tempos por todo o universo ele rezou o coração do grande dharani, o centro de sua prece suprema, pela emancipação do mundo do nascimento e morte incessantes:

"Om! Ó tu que deténs o selo do poder
Ergue tua mão de diamante,
Arruína,
Destrói,
Extermina.
Ó tu mantenedor,
Mantém todos que estão nos extremos.
Ó tu purificador,

Purifica todos os que estão no cativeiro do eu.
Possa aquele que acaba o sofrimento ser vitorioso.
Ó tu perfeitamente iluminado,
Ilumina todos os seres sencientes.
Ó tu que és perfeito em sabedoria e compaixão
Emancipa todos os seres
E leva-os ao estado de buda, amém."

Quando a palavra do despertar se espalhou, as senhoras cortaram os cabelos, colocaram o manto amarelo, pegaram tigelas de esmolar e foram ao encontro de Buda. Não, disse ele: "Assim como a água é contida por um dique forte, estabeleci uma barreira de regulações que não devem ser transgredidas". Mas, visto que até a princesa Yasodhara e sua devotada tia materna Prajapati Gotami estavam entre aquele grupo de mulheres de elite convictas e destemidas, e Ananda, com sua afetuosidade típica e mediante a insistência persistente da tia de Gautama, intercedeu tão fervorosamente em favor delas, o Abençoado cedeu, e a irmandade de bhikshunis veio a existir. "Deixem-nas sujeitas e subordinadas aos confrades", ele ordenou.

"Ainda assim", falou o sagrado, "a admissão delas significa que a boa lei não há de perdurar por mil anos, mas apenas por quinhentos. Pois, assim como um campo de arroz atacado pelo míldio está condenado, da mesma forma quando as mulheres deixam a vida doméstica e se juntam a uma ordem, essa ordem não dura muito." Somada a isso havia a premonição dos problemas que vieram tempos depois, quando Devadatta sublevou-se e usou algumas monjas em seus esquemas.

O grande rei prasenajit, cujo reinado transcorria em grande paz, não obstante estivesse ele assediado por confusão e dúvida após um desentendimento com sua outrora amada rainha, e nessa ocasião desejando ouvir a boa e a má lei dos lábios do honrado dos mundos, achou Buda, abordou-o com respeito da forma correta, cumprimentou-o e sentou-se.

Ao rei Prasenajit o tigre da lei disse: "Mesmo aqueles que, por carma ruim, nasceram em nível inferior, quando veem uma pessoa de caráter virtuoso sentem reverência por ela; quanto mais então um rei independente, que por suas condições prévias de vida adquiriu muito mérito, deve conceber de reverência quando encontra um buda.

"Tampouco é difícil que um país desfrute de mais sossego e paz pela presença de Buda do que se ele não habitasse ali.

"Pois então, em favor do grande governante, vou relatar brevemente a boa e a má lei. O grande requisito é um coração amoroso! Considerar as pessoas como fazemos com um filho único; não se exercitar em teorias falsas, nem ponderar muito sobre dignidade real, tampouco escutar a fala macia de falsos professores.

"Não causar sofrimento a si mesmo 'deitando em uma cama de pregos', mas meditar profundamente sobre a futilidade das coisas terrenas, perceber a volubilidade da vida pela recordação constante.

"Não exaltar a si mesmo por meio do desprezo pelos outros, mas reter um senso interior de felicidade resultante do eu e buscar a expansão da felicidade dali em diante também como resultado do eu.

"Ouça, ó marajá! Que o eu seja sua lanterna, o eu seja seu refúgio, nenhum outro refúgio! Que a lei estabelecida seja sua lanterna, que a lei estabelecida seja seu refúgio!

"Palavras ruins serão repetidas em toda parte por multidões, mas existem poucos a seguir a boa direção.

"Da mesma forma que, quando encerrado em uma montanha rochosa, não há escapatória ou lugar de refúgio para ninguém, dentro desse paredão montanhoso abarrotado de dor da velhice, nascimento, doença e morte, não há outra escapatória para o mundo do que praticar a verdadeira lei por si mesmo.

"Todos os antigos reis conquistadores, que eram como deuses na terra, pensavam superar a decadência por meio de seu poder; mas após uma vida breve também eles desapareciam.

"Olhe sua carruagem real; até mesmo ela mostra sinais de desgaste.

"O fogo dos éons vai derreter o Monte Sumeru, a grande água do oceano secará, e o que dizer dessa nossa constituição humana, que é como uma bolha e uma coisa da irrealidade, mantida pelo sofrimento da longa noite da vida mimada pela riqueza, vivendo no ócio e desleixo; como pode esse corpo esperar durar muito tempo sobre a terra? A morte vem de repente, e ele é levado embora como madeira podre numa correnteza.

"Névoas espessas nutrem o local de umidade, o vento furioso dispersa as névoas espessas, os raios de sol circundam o Monte Sumeru, o fogo feroz consome o local da umidade, de modo que as coisas sempre nascem mais uma vez para serem destruídas.

"O ser que é acalmado, sem se retardar na estrada da lei, esperando essas mudanças, liberta-se de compromissos, não fica ocupado com autocontentamento, não fica enredado em nenhum dos cuidados da vida, não mantém nenhum negócio, não busca amizades, não se engaja em carreira culta nem se separa por completo dela; pois seu aprendizado é a sabedoria da sabedoria não-percebedora, mas que não obstante percebe aquilo que aponta sua própria transitoriedade.

"Os sábios sabem que, embora se possa nascer no céu, não há escapatória das mudanças do tempo e das mudanças do eu, as regras perniciosas até mesmo da existência celestial; seu aprendizado, portanto, é atingir a mente imutável; pois onde não há mudança, existe paz.

"O corpo imutável da vida imortal é oferecido por inteiro; é o corpo mágico da mente (manomayakaya); todos os seres são budas vindouros porque todos os seres são não-corpos

vindouros; e todos os seres foram budas passados porque todos os seres foram não-corpos passados; e assim, na verdade, todos os seres já são budas porque todos os seres já são não-corpos.
"A posse do corpo mutável é a base de toda dor.
"Conceba um coração, abomine a luxúria; deixe de lado essa condição, não receba mais dor. Pois luxúria é mudança, luxúria são desejos emparelhados de modo desigual como dois bois cambaleantes, luxúria é a perda de amor.
"Quando uma árvore está queimando em chamas furiosas, como podem os passarinhos reunir-se nela?
"O homem sensato, que é considerado um sábio iluminado, é ignorante sem esse conhecimento.
"Negligenciar esse conhecimento é o erro da vida.
"Todo o ensinamento das escolas deveria centrar-se nisso; sem isso não há premissa verdadeira."
Ouvindo essas palavras, o rei Prasenajit voltou para casa e se reconciliou com a rainha. Ficou sossegado e alegre. Aprendeu que a falta de fé é o mar engolfante da ignorância, a presença da crença desregrada é a torrente agitada da luxúria; mas a sabedoria é o barco à mão, a reflexão é o gancho pelo qual se conquista acesso à outra margem e se encontra segurança eterna. Mas o rei Prasenajit ainda não estava iluminado nem acreditava por completo em Buda, e em sua alegria e entusiasmo religioso ordenou então ritos de sacrifício a fim de obter méritos além do mérito do sermão.
O Abençoado estava em Sravasti, no Bosque de Jeta do parque de Anathapindika. Vários monges, tendo levantado cedo e se vestido e pego a tigela e o manto, entraram em Sravasti em busca de esmolas. Ao voltar, foram à presença de Buda e contaram a ela sobre os preparativos para um grande sacrifício organizado pelo rei Prasenajit. Quinhentos touros, quinhentos novilhos e outras tantas novilhas, cabras e carneiros de chifres curvos eram conduzidos ao altar para serem sacrificados, atrás

do qual escravos e criados e artesãos, intimidados por pancadas ou medo, faziam os preparativos com o rosto em prantos. Ao ouvir falar dessa matança maligna, o Exaltado entendeu como nunca que os homens estavam para sempre desonrados e envilecidos, e não só por causa da ignorância.

"Abater a pobre besta gentil como um cordeiro que enche seu tarro de leite, para dela comer a carne sofrida, é perverso e é pecado; tola a mão que segura a faca na vacuidade geral, fadada a assombrar o carrasco até seus sucessivos túmulos; mas, ó meus bhikshus, irmãos, quanto mais mal, mais pecado ainda, abater o touro gentil e outras bestas, infelizes os olhos delas, e encharcá-las em um sacrifício embriagado no banho de sangue do cutelo a fim de obter o próprio renascimento outra vez em paraísos de eu e dor.

"O que quer que um homem sacrifique neste mundo como oferenda ou como obrigação por um ano inteiro a fim de obter mérito, seu conjunto não vale um quarto de um centavo.

"Todas as criaturas tremem ante a punição, todas as criaturas amam a vida; lembrai-vos que sois iguais a elas, e não matais nem causais matança.

"Aquele que, buscando sua própria felicidade, pune ou mata criaturas que também anseiam por felicidade não encontrará felicidade após a morte.

"Um homem não é religioso porque fere criaturas vivas; homem é chamado de religioso por ter piedade de todas as criaturas vivas.

"Ao buscar escapar do sofrimento, por que deveríamos infligi-lo a outros?

"A menos que consigam controlar a mente de modo que até mesmo o pensamento de rudeza brutal e matança seja abominável, vocês jamais serão capazes de escapar da escravidão do sofrimento.

"Monges puros e sérios e seres sábios, ao andar por uma trilha estreita, jamais pisarão na grama que cresce ao lado da trilha.

"Apenas esses bhikshus verdadeiros e sinceros, que quitaram os débitos kármicos de vidas passadas, atingirão a verdadeira emancipação e não mais estarão fadados a vagar por esse mundo tríplice de sensação, contato e sofrimento.

"Como pode um homem religioso, que espera tornar-se um libertador de outros, viver ou obter vida futura com a carne de outros seres sencientes?

"Desse modo, todos os homens dedicados devem ter muito cuidado para viver com toda sinceridade, abstendo-se até mesmo da aparência de indelicadeza para com outra vida."

Ouvindo essas palavras, sabendo que Buda considerava o sacrifício uma matança deplorável, o rei voltou, foi à presença do sagrado e, após trocar saudações com ele e cumprimentos de amizade e cortesia, sentou-se ao lado. Assim sentado ele disse ao Sagrado:

"O mestre Gautama também não faz nenhuma afirmação de ser perfeita e supremamente iluminado?"

"Se existe alguém, majestade, a quem tal iluminação pode ser corretamente atribuída, sou eu. Eu de fato, majestade, sou perfeito e supremamente iluminado."

"Mas mestre Gautama, existem reclusos e brâmanes que, como você, também têm cada um a sua ordem de discípulos e atendentes, são professores de discípulos, teóricos famosos e reputados, altamente estimados pelo povo. Mas eles, quando fiz essa mesma pergunta, não afirmaram ter iluminação suprema e perfeita. Como pode ser isso? Pois o mestre Gautama é jovem na idade e um noviço na vida da religião."

"Existem quatro criaturas jovens que não devem ser desconsideradas ou desprezadas por serem jovens", replicou Buda. "Quais são elas?

"Um príncipe nobre.
"Uma serpente.
"Um incêndio.
"Um monge.
"Sim, majestade, essas quatro jovens criaturas não devem ser desconsideradas ou desprezadas por serem jovens."

Quando essas coisas foram ditas, o rei Prasenajit falou assim para o Exaltado: "Excelente, Senhor, excelente! Assim como um homem que tivesse que montar o que foi derrubado, ou revelar o que está escondido, ou apontar a estrada certa para alguém que se perdeu, ou levar uma lamparina para a escuridão, de modo que aqueles que têm olhos pudessem ver formas externas – dessa maneira, Senhor, a verdade foi-me dada a conhecer de várias formas pelo Exaltado. Eu, até eu, Senhor, recorro ao Exaltado, à lei estabelecida e à ordem como meu refúgio. Possa o exaltado aceitar-me como seguidor, como alguém que, desse dia em diante e enquanto a vida perdurar, aqui tomou refúgio."

E o rei manteve a palavra, e envelheceu com Buda ao longo do resto de suas vidas naturais.

A maneira como o Iluminado em geral passava cada dia era muito simples. Levantando-se ao amanhecer, ele se lavava e se vestia sem ajuda. A seguir meditava em solidão até a hora de sair na ronda em busca da refeição diária sem a qual ele não poderia seguir vivendo e praticando o Darma. Quando chegava a hora, vestindo-se de modo adequado, com a tigela na mão, sozinho ou assistido por alguns discípulos, ele visitava a cidade ou aldeia vizinha. Após terminar a refeição em alguma casa, ele discorria sobre o Darma para o anfitrião e sua família com a devida consideração pela capacidade deles para a iluminação espiritual, retornava à sua esteira de sentar ou, dependendo da estação das chuvas, ao alojamento, e esperava até seus seguidores terem terminado a refeição. Ele discursava para os monges e sugeria temas para reflexão ou dava exercícios de meditação adequados a suas capacidades ou então finalmente lembrava-os de que a cessação de todos os pensamentos e todas as concepções, a cura da mente dos pensamentos e do próprio pensamento sobre os pensamentos é a prática que leva ao nirvana. Eles então o deixavam, indo cada um a seu local favorito para meditar. Durante o calor do dia indiano ele fazia um pequeno repouso, deitado sobre o lado direito na postura do leão, com joelhos unidos e cabeça sobre a mão, na postura tradicional que ele recomendava para dormir e motivo pelo qual às vezes ele era chamado de o leão dos Sakyas; mas nesse repouso do meio-dia ele não dormia, nem praticava uma meditação sistemática; em vez disso, simplesmente repousava e ponderava sobre o repouso.

À tarde ele encontrava moradores das aldeias ou cidades vizinhas reunidos no salão de conferências ou à sombra das árvores do bosque, compadecia-se deles e os aconselhava e discursava de acordo com as necessidades e capacidade de raciocínio individuais. Nesse contexto, por exemplo, quando a mulher chamada Visakha sentou-se a chorar durante uma dessas reuniões porque não conseguia suportar a perda da avó, recém-falecida, o Abençoado perguntou-lhe quantos homens viviam em Sravasti.

"Senhor, dizem que há sete vezes dez milhões de homens."
"Se todos fossem como tua avó, tu não os amarias?"
"Certamente, Senhor."
"E quantos morrem todos dias em Sravasti?"
"Muitos, Senhor."
"Então jamais haveria um momento em que não devesses estar lamentando por alguém!"
"É verdade, mestre."
"Passarias pois tua vida chorando dia e noite?"
"Entendo, Senhor; está bem colocado!"

"Então não lamentes mais."

No fim do dia, após refrescar-se com um banho quando necessário, Buda esclarecia dificuldades da exposição da doutrina a alguns discípulos, mostrando-lhes as técnicas psicológicas adequadas para fazer com que todos os tipos de pessoas, com diferentes mentalidades atrapalhadas e feridas, entendessem o veículo único da lei manifestado de múltiplas formas. "Ao manifestar habilidade, os budas exibem vários veículos através do local supremo do repouso abençoado, indicando ao mesmo tempo o veículo único de Buda.

"Familiarizados que são com a conduta de todos os mortais, com suas disposições peculiares e ações prévias, os budas, usando diferentes meios para estimular cada um de acordo com seu caráter, emprestam suas luzes a eles.

"Tal é o poder de seu conhecimento."

Assim passava a primeira vigília da noite em ensinamento e às vezes em discurso com outros monges, quando chegava até eles vindo da noite lá fora, inquirindo: "No que estão falando agora, ó monges, o que surgiu agora para perturbá-los, ó monges?"; Buda passava o resto da noite andando para cima e para baixo diante de sua habitação ou na varanda aberta, meditando, com Ananda, que sempre caminhava atrás dele, a segui-lo como uma sombra.

"Se um homem tem apreço por si mesmo, deixe que se vigie com cuidado; durante pelo menos uma das três vigílias um homem sábio deve estar vigilante."

Então ele ia dormir.

"<u>Sentando-se sozinho, deitando-se sozinho, caminhando sozinho sem parar, e sozinho subjugando a si mesmo, deixe um homem ser feliz perto da margem de uma floresta</u>", diz o <u>Darmapada</u>, as pegadas da lei.

"Os construtores de poços conduzem a água para onde querem; os fabricantes de flechas submetem a seta; carpinteiros submetem um tronco
de madeira; boas pessoas moldam a si mesmas."

– Darmapada

Um dia, Ananda pediu conselho ao Abençoado sobre como se comportar na presença de mulheres.
"Evite-as por completo, Ananda."
"Mas supondo que elas nos abordem, Senhor Abençoado?"
"Não fale com elas, Ananda."
"Mas supondo que elas nos façam uma pergunta, Senhor Abençoado?"
"Então mantenha-se bem desperto, Ananda."
E o Sagrado disse: "Porém, quando tiver que falar com mulheres, considere-as, se são mais velhas, como mães, e se são jovens, como irmãs."
Aconteceu que uma certa senhora Amra, linda cortesã que havia recebido grandes somas de dinheiro de mercadores ricos de Vaisali, teve a ideia de oferecer sua grandiosa mansão e seu bosque de mangueiras ao mestre e à irmandade. Ela era graciosa, agradável, dotada de uma pele como um botão de rosa, bem versada em dançar, cantar e tocar alaúde; agora, a despeito de possuir os mais elevados dotes femininos, desejava oferecer sua vida à lei religiosa. Ela enviou uma mensagem ao Abençoado oferecendo a mansão e os jardins ao dispor de seus seguidores, e ele aceitou afavelmente.
Sentado no bosque de mangueiras certo dia, ele recebeu outra mensagem da senhora Amra solicitando uma audiência, que ele concedeu.
"Essa mulher", falou ele aos seguidores reunidos quando ela foi vista vindo pelos jardins com seus servos, "é extraordinariamente bela, capaz de fascinar a mente do religioso; pois

bem, mantenham sua recordação a postos! Deixem a sabedoria manter sua mente em submissão!

"Melhor cair dentro da boca do tigre feroz, ou sob a faca afiada do executor, do que ficar com uma mulher e se excitar em pensamentos luxuriosos, e desse modo acabar emaranhado na teia de planos dela, que é o nascimento, a armadilha para a morte.

"Uma mulher está ansiosa para exibir sua forma e figura, seja caminhando, parada, sentada ou dormindo.

"Homens sendo homens não estão livres das funções da luxúria, ação armazenada pelo carma de cupidez e pensamentos concupiscentes prévios; mulheres sendo mulheres são os vasos inocentes do renascimento humano encarnado e personificado, punhado de carne da luxúria do homem; mutuamente atraídos, mutuamente vitimados por seus carmas, sem um 'eu' para dizer não nesse assunto, homens e mulheres rolam adiante a roda da morte em favor de borbulhas, orgulho e felicidade.

"Mas que tipo de felicidade é essa, forçando-se na vacuidade para gratificar os sentidos ingratificáveis? Não existe gratificação e apaziguamento para o coração selvagem! As virilhas são laceradas e não há gratificação nisso.

"A taça da vida é um horror insondável, como beber e beber em um sonho para saciar uma sede além da razão e irreal.

"Olhem o céu vazio! – como o homem cobiçoso pode agarrar punhados gananciosos dele? Como pode ele, aquele sonhador entorpecido e assombrado, retalhar e matar o não matável?

"Por toda parte tudo é para sempre vazio, despertem! A mente é tola e limitada para tomar esses sentidos, adversidades insignificantes em um sonho, como realidade; como se as profundezas do oceano fossem movidas pelo vento que agita as ondas. E esse vento é a ignorância.

"Uma mulher quer dar à luz, está em seu carma ter medo de ser estéril e ficar sozinha; contudo, o mundo não tem mais realidade do que se vocês dissessem: 'É o filho de uma mulher estéril'.

"Mesmo quando representada em uma pintura, uma mulher deseja acima de tudo provocar comentários lisonjeiros à sua beleza, e com isso roubar dos homens o coração estável.

"Como então vocês devem se guardar? Considerando as lágrimas e sorrisos delas como inimigos, suas formas curvilíneas, os braços pendentes e o cabelo todo solto como armadilhas projetadas para aprisionar o coração do homem.

"Vocês devem suspeitar mais ainda de sua beleza estudada, amorosa; quando ela exibe seus deliciosos contornos, as formas ricamente ornamentadas, e tagarela alegremente com o homem tolo!

"Ah, então, quanta perturbação e quantos pensamentos ruins, não vendo as dores da impermanência, da impureza, da irrealidade sob o formato horrendo, depravado!

"Considerando-se isso como a realidade, todos os pensamentos luxuriosos esvaem-se.

"Considerando-se isso corretamente, dentro de vários limites, nem mesmo uma ninfa celestial lhes alegraria.

"Contudo, o poder da luxúria é grande sobre os homens, e também deve ser temido; peguem então o arco da perseverança fervorosa, as pontas afiadas das setas da sabedoria, cubram a cabeça com o elmo do pensamento correto e lutem com determinação inabalável contra os cinco desejos.

"Muito melhor com pregos de ferro em brasa perfurar os olhos do que encorajar pensamentos luxuriosos ou olhar as formas de uma mulher com tais desejos.

"Com a luxúria a toldar o coração de um homem, confundido com a beleza de uma mulher por causa da masculinidade em seu carma, a mente dele fica aturdida; no fim da vida, tendo se rebaixado com mulheres por umas poucas sensações sexuais, malignamente envolvido na cilada do consentimento mútuo que é o deleite maior dela, esse homem pode cair em um mau caminho.

"Com a vida gasta em casa e no lar, uma vida no máximo trivial, ele chega à senilidade balbuciando encantamentos, religioso por causa do arrependimento.

"Temam portanto a dor desse mau caminho! Temam portanto, e não acolham os logros das mulheres!

"Não deixem um homem sagrado ser causa de mais renascimento; pois assim como doze é igual a uma dúzia, o nascimento é igual à morte.

"Abstenham-se de olhar para as formas dela; endireitem seus pensamentos.

"Suponham que haja uma donzela da classe dos guerreiros ou dos brâmanes ou dos chefes de família, em todo o encanto de seus quinze ou dezesseis verões; não muito alta, nem muito baixa, não muito esguia, nem muito corpulenta, não muito morena, nem muito loira – nessa fase ela não está em sua forma e aparência mais adoráveis? Quaisquer que sejam o prazer e satisfação surgidos da vista dessa beleza e encanto – esses são os deleites da forma.

"Suponham então que, depois de um tempo, vejam de novo essa mesma irmã inocente quando ela tiver oitenta ou noventa ou cem anos de idade, alquebrada, recurvada como um caibro de telhado, arqueada, avançando cambaleante apoiada numa bengala, definhada, murcha, toda enrugada e coberta de pústulas, com dentes quebrados, cabelo cinzento, cabeça trêmula. O que acham, monges? Aquela antiga graça de formas e aparência – não desapareceu e deu lugar à desolação?

"Além disso, se vissem essa irmã doente, sofrendo, afligida por chagas, jazendo emporcalhada em sua própria imundície, erguida por outros, atendida por outros – o que acham, monges? O que outrora era beleza e graça não desapareceu por completo dando lugar à devastação?

"Além disso, deveriam ver essa irmã após o corpo jazer no local de sepultamento por um, dois ou três dias, intumescido, descorado, putrefato, bicado por corvos, falcões e abutres, devorado por cães e chacais e todos os tipos de coisas rastejantes. Ou deveriam ver o corpo quando é apenas um esqueleto salpicado de sangue, com farrapos de carne pendentes, ou quando os ossos estão todos espalhados aqui e ali, ou quando, brancos como conchas do mar, são jogados em uma pilha, ou quando, após um ano, viram pó pela ação do tempo.

"O que acham, monges?

"Toda aquela graça e beleza de outrora – não sumiu por completo dando lugar à devastação?

"Mas essa é a devastação da forma."

A senhora Amra, vestida de modo adequado à ocasião, de forma que seu encanto não estava realçado para excitar, mas coberto com simplicidade, com seus pensamentos em repouso, permitiu que ali fossem feitas oferendas de alimento e refresco para o Abençoado e seu séquito de homens tranquilos.

Buda dirigiu-se a ela. "Seu coração, ó senhora, parece sereno e calmo, suas formas sem ornamentos externos; jovem de idade e rica, você parece ser tão bem-dotada quanto é bela.

"Uma mulher assim tão prendada, capaz de, pela fé, receber a lei da justeza, é, de fato, coisa rara no mundo.

"A sabedoria de um mestre, oriunda de nascimentos anteriores, permite-lhe aceitar a lei com alegria; isso não é raro. Mas que uma mulher, fraca na vontade, deficiente em sabedoria, profundamente imersa no amor, ainda assim seja capaz de se deleitar em devoção, isso, de fato, é muito raro.

"Um homem nascido no mundo pelo pensamento adequado vem a se deleitar na solidão da bondade; ele reconhece a impermanência da riqueza e da beleza, e vê a religião como seu melhor ornamento.

"Ele sente que isso por si só pode remediar as enfermidades da vida e mudar a sina de jovens e velhos; o destino maligno que restringe outras vidas não pode afetá-lo, pois está vivendo na justeza.

"Confiando em auxílio externo, ele tem dores; autoconfiante, tem vigor e alegria.

"Mas, no caso da mulher, de um outro vêm as dores do parto e a criação de um filho. Portanto, todos deveriam passar bem e ter aversão pela forma de mulher e descartá-la."

A senhora Amra replicou: "Oh! Possa o Senhor, em profunda compaixão, receber de mim, apesar de ignorante, essa oferenda, e assim cumprir meu voto sincero." E ela juntou-se à irmandade de bhikshunis.

De Vaisali o Abençoado foi para Sravasti.

Foi lá, no salão de meditação de Jetavana, que Buda proferiu para 1,2 mil grandes discípulos um discurso que ficou conhecido como <u>Surangama Sutra</u>. Foi um ensinamento elevado que resolveu muitos enigmas mentais e teve êxito em livrar os monges extremamente inteligentes das dúvidas perturbadoras que ocasionalmente experimentavam em suas meditações. Ao ouvir esse grande sutra que o Abençoado interpretou com grande cuidado, muitos discípulos novatos tornaram-se santos plenamente consumados e entraram imediatamente no oceano de onisciência, pois aquele era o ensinamento perfeito das práticas e atingimentos do caminho secreto do Tathagata.

Um incidente incomum envolvendo Ananda aconteceu naquele mesmo dia e serviu de estímulo para o início da discussão. Mais cedo naquele dia, o rei Prasenajit havia convidado Buda e seus principais bodisatvas-mahasattvas (grandes seres sábios) para um festim especial no palácio real. Todos os outros monges, jovens e velhos, haviam sido convidados para outro festim, de modo que Ananda, ao retornar ao Mosteiro de Jetavana vindo de uma jornada a um distrito distante, não encontrou ninguém lá e por conseguinte foi sozinho para Sravasti esmolar sua refeição diária. Enquanto esmolava de porta em porta em seu modesto manto amarelo, a bela filha de uma prostituta agradou-se dele e implorou à mãe para aplicar algum truque de modo a induzir o jovem e atraente monge para seu quarto. Ananda sendo como era, terno e impressionável, logo se viu no quarto de Pchiti sob a influência da beleza da donzela e do feitiço conhecido como <u>bramanyika</u>, invocado pela mãe.

Buda, ao retornar ao salão de meditação e se acomodar com todos os discípulos para a continuação da devoção de verão e as confissões públicas do <u>uposatha</u> feitas pelos vários monges, sabia o tempo todo onde Ananda estava e o que estava acontecendo. Assim, mandou seu "outro Ananda", seu outro acompanhante constante, o Grande Bodisatva da Radiância Intelectual, Manjusri, à casa da prostituta para recitar o grande dharani (a grande prece), de modo que Ananda não cedesse à tentação. Tão logo Manjusri cumpriu os desejos de seu Senhor, Ananda recobrou o autocontrole e viu que estava sonhando. Manjusri então encorajou Ananda e Pchiti, e ambos retornaram com ele até Buda no salão de meditação.

Quando Ananda chegou à presença de Buda, curvou-se até o chão em grande humildade, culpando-se por ainda não ter desenvolvido plenamente as potencialidades da iluminação e ter, portanto, fracassado em erguer a cortina das limitações mortais de sua verdadeira mente original e brilhante, pois desde o início de suas vidas anteriores ele havia se devotado demais ao estudo e aprendizado de palavras e ideias. De modo que, sem a mente concentrada em sua essência pura de paciência perfeita e tranquilidade imperturbada no profundo oceano universal de bem-aventurança, ele não fora capaz de resistir à sedução da donzela Pchiti ou de controlar sua própria mente e seu próprio corpo, e havia ido em busca de condições externas, abandonando assim a santidade luminosa do estado de bhikshu pelos ardores vãos da animalidade que pertencem ao ciclo sempre contínuo de mortes e renascimentos. Ananda suplicou com fervor a Buda e rezou a todos os outros tathagatas dos dez quadrantes do universo para apoiá-lo na obtenção da iluminação perfeita, ou seja, apoiá-lo com os meios mais fundamentais e eficazes em sua prática das três excelências de diana (meditação), samádi (êxtase em meditação) e samapatti (poderes transcendentais surgidos do êxtase em meditação).

Ao mesmo tempo, todos aqueles na assembleia, em unanimidade e com alegria no coração, prepararam-se para escutar a instrução a ser dada a Ananda por Buda. Em unanimidade renderam homenagem a seu Senhor e então, voltando a seus assentos, esperaram em perfeito silêncio e paciência para receber o ensinamento sagrado.

Buda disse: "Ananda! E todos nessa grande assembleia do Darma! Vocês devem saber e avaliar que o motivo pelo qual os seres sencientes formaram uma sucessão de mortes e renascimentos ao longo de suas vidas prévias desde tempos sem princípio é que jamais realizaram a verdadeira essência da mente e sua luminosidade autopurificante.

"Pelo contrário, estiveram absortos o tempo todo ocupando-se com pensamentos delusórios e transitórios que não são nada além de falsidade e vaidade. Por isso prepararam para si mesmos as condições para esse ciclo sempre contínuo de mortes e renascimentos.

"Deveriam manter-se unos com os tathagatas, que sempre permaneceram, desde tempos sem princípio até tempos sem fim, como uma só talidade pura, imperturbados por qualquer complexidade dentro de suas mentes ou pelo surgimento de quaisquer pensamentos de discriminação disso, daquilo ou daquele outro.

"Ananda, quero questioná-lo; por favor, ouça com atenção. Uma vez você disse que na ocasião em que sua fé em mim despertou, isso aconteceu por ter visto as 32 marcas de excelência tradicional.

"Deixe-me perguntar: o que lhe deu a sensação de ver? E o que foi que experienciou isso? E quem foi que ficou satisfeito?"

Ananda respondeu: "Na ocasião em que experienciei a sensação de estar satisfeito, isso ocorreu através de meus olhos e de minha mente. Quando meus olhos viram, minha mente imediatamente experienciou uma sensação de estar satisfeita."

Buda disse: "Pelo que você acaba de dizer, Ananda, sua sensação de satisfação originou-se em seus olhos e também em sua mente. Ananda, se você não sabe onde reside a percepção da visão e onde se originam as atividades da mente, você jamais será capaz de subjugar seus apegos e contaminações mundanos.

"Ananda! Se você não sabe onde é o lugar de origem de sua percepção da visão, é como um rei cuja cidade foi acometida por ladrões e tentou pôr fim aos roubos, mas não teve sucesso porque não conseguiu localizar o esconderijo secreto dos ladrões. Então você perambula na ignorância e descontrolado.

"Deixe-me perguntar: no que se refere a seus olhos e mente, você conhece o esconderijo secreto deles?"

Ananda respondeu: "Nobre Senhor! Em todas as dez diferentes categorias de vida, os olhos estão na frente do rosto e a mente está oculta dentro do corpo."

Buda interrompeu: "O que você vê primeiro, sentado aqui no salão olhando pela porta aberta?"

Ananda: "Primeiro vejo meu Senhor e então a distinta plateia, e só depois vejo as árvores e o parque lá fora."

Buda: "Enquanto olha para fora, o que é que lhe permite distinguir essas diferentes visões que seus olhos veem?"

Ananda: "O fato de a porta do salão estar aberta."

Buda: "Se a sua percepção da visão realmente estivesse localizada dentro do seu corpo, da mesma forma você seria capaz de ver o interior de seu corpo primeiro, e só depois a vista do lado de fora, como fazemos no salão. Mas não existem seres sencientes que possam ver tanto fora quanto dentro de seu corpo."

Ananda, curvando-se, disse: "Minha mente deve então ser uma lamparina, uma lamparina fora de meu corpo, iluminando a vista externa, mas não o interior de meu corpo."

Buda: "Sendo assim, como sua mente poderia perceber o que seu corpo sente? Por exemplo, enquanto você olha a vista, é evidente que os globos oculares que pertencem ao seu corpo e a percepção que pertence à sua mente estão em cooperação mútua perfeita, de modo que o que você acaba de dizer sobre a mente existindo fora do corpo é impossível."

Ananda: "Mas, meu Senhor, parece que a mente que percebe deve estar em algum lugar!"

Buda: "Mas onde é esse lugar, Ananda?"

Ananda: "Minha mente que percebe deve ser como uma tigela de cristal cobrindo meus olhos."

Buda: "Sendo assim, com a percepção alojada na mente que percebe, você seria capaz de ver seus próprios olhos sem o auxílio de um espelho."

Ananda: "Senhor, talvez minha mente que percebe se localize entre meus olhos e os objetos da visão que vejo."

Buda: "Ananda, agora você acha que a mente deve residir entre coisas. Como pode a mente que percebe residir entre a localização dos olhos e a localização dos objetos da visão, quando a mente que percebe e o olho são como um só em cooperação mútua perfeita?"

Ananda: "Há algum tempo, quando meu Senhor estava discutindo o Darma intrínseco com os quatro grandes seres sábios – Maudgalyayana, Subhuti, Purna e Sariputra –, ouvi meu Senhor dizer que a essência da mente consciente que discerne e percebe não existia nem dentro nem fora, tampouco no meio; de fato, que não possuía localização de existência."

Buda: "Ananda, a essência da mente consciente que discerne e percebe não possui localização definida; não está nem neste mundo, na vastidão dos espaços abertos, nem na água, nem na terra, nem voando com asas, nem caminhando, nem está em lugar algum."

A seguir, Ananda ergueu-se de seu lugar em meio à assembleia, arrumou seu lenço cerimonial, flexionou-se sobre o joelho direito, uniu as palmas das mãos e dirigiu-se a Buda respeitosamente, dizendo: "Meu nobre Senhor! A despeito de tudo que adquiri mentalmente, não fiquei liberto das contaminações e do apego, e por consequência não consegui sobrepujar o feitiço na casa de uma meretriz. Minha mente ficou confusa, e eu estava prestes a me afogar em sua sujeira. Posso ver agora que foi tudo devido à minha ignorância quanto à realização correta do que é a mente verdadeira e essencial. Rezo a ti, ó meu Senhor, para que tenhas piedade e misericórdia de mim e me mostres o caminho correto para as graças espirituais que vêm com o êxtase em meditação, de modo que eu possa atingir o autodomínio e ficar emancipado da sedução do mal e dos sofrimentos de mortes e renascimentos sucessivos."

Então Buda dirigiu-se à assembleia, dizendo: "Desde tempos sem princípio, de vida em vida, todos os seres sencientes tiveram ilusões perturbadoras que se manifestaram em seu desenvolvimento natural sob o poder condicionante do carma individual, do mesmo modo que a vagem do quiabo ao se abrir sempre solta três sementes de cada vez.

"O motivo por que todos os discípulos devotados não atingem a iluminação suprema de imediato é que não compreendem os dois princípios primários, e por causa disso alguns atingem apenas santidade limitada, ou o entendimento parcial do noviço, e alguns ficam com a mente confusa e caem em práticas erradas. É como se estivessem tentando cozinhar iguarias finas fervendo pedras ou areia, o que é claro que jamais conseguiriam fazer nem que tentassem por incontáveis kalpas de tempo.

"Esses dois princípios fundamentais são:

"Um, a causa primária da sucessão de mortes e renascimentos desde tempos sem princípio. Da operação desse princípio resultaram as várias diferenciações de mente de todos os seres sencientes, e o tempo todo eles tomaram essas mentes limitadas e contaminadas como sendo sua Essência da mente verdadeira e natural.

"Dois, a causa primária da unidade pura de iluminação e nirvana que existe desde tempos sem princípio. Pela absorção desse princípio dentro da luminosidade de sua própria natureza, seu espírito unificador pode ser descoberto e desenvolvido e compreendido sob toda variedade de condições. O motivo pelo qual esse princípio unificador é perdido tão depressa entre as condições é porque vocês esquecem depressa a luminosidade e a pureza de sua própria natureza essencial e, em meio às atividades diárias, deixam de perceber sua existência. É por isso, Ananda, que você e todos os seres sencientes, através da ignorância, caíram em infortúnio e em diferentes reinos de existência."

O Tathagata ergueu um dos braços com a mão e os dedos cerrados, dizendo: "Ananda, enquanto olha atentamente meu punho, o que é que revela a existência de sua mente essencial?"

Ananda respondeu: "O ser pensante e racional que me permite perceber seu punho é aquilo que se designa como 'minha mente'."

Buda repreendeu Ananda rispidamente e disse: "Claro que isso é bobagem, afirmar que seu ser é sua mente."

Ananda levantou-se com as mãos unidas e disse com perplexidade: "Por que, meu Senhor, se meu ser não é minha mente, o que mais pode ser minha mente? Meu eu é minha mente! Se eu abandonasse minhas percepções e consciência, não sobraria nada que pudesse ser considerado como eu mesmo ou minha mente."

A seguir o Abençoado colocou a mão afetuosamente sobre a cabeça de Ananda: "Agora que removi meu punho, e a visão dele desapareceu de seu pensamento e raciocínio, sua mente também desaparece e se torna como pelos numa tartaruga ou chifres num coelho?

"Visto que sua mente prossegue discriminando a memória daquelas percepções e a consciência sobre meu punho, ela não desapareceu.

"Ananda e todos os meus discípulos! Naquilo que se refere a Ananda dizer que sua mente é ele mesmo, sempre ensinei a vocês que todos os fenômenos são simplesmente uma manifestação da essência da mente. O mesmo acontece com o que vocês chamam de eu, que é simplesmente uma manifestação da essência da mente.

"Se examinarmos a origem de qualquer coisa em todo o universo, vamos verificar que não passa da manifestação de alguma essência primal. Mesmo as folhinhas das ervas, os nós em um fio de linha, tudo; se examinarmos com cuidado, vamos verificar que existe alguma essência em sua originalidade.

"A essência das marolas do mar é o mar. Do mesmo modo, a essência dos pensamentos na mente é a mente.

"O eu e os objetos e os acontecimentos do eu não são permanentes, como todos os objetos e pensamentos, que são como marolas; quando desaparecem, eu poderia perguntar de novo se a essência de sua mente desaparece também e se torna como pelos numa tartaruga ou chifres num coelho?

"Se a essência da mente desaparecesse, não haveria nada e nem seres sencientes para discuti-la.

"A essência da mente não desaparece porque transcende e está além dos fenômenos e é livre de todos os pensamentos discriminativos de eu e não eu.

"Tão logo a mente discrimina, todas as causas e efeitos, desde o grande universo até a poeira fina vista apenas à luz do sol, vêm a ter existência aparente, como marolas formando-se na superfície do mar.

"Uma coisa sabemos sobre as marolas na superfície do mar, ou seja, sobre esse mundo aparentemente existente que vemos como marolas na superfície do mar da essência da mente universal: sabemos que as marolas ostentam as três marcas da existência. As três marcas da existência que as marolas ostentam são: um, <u>transitoriedade</u>, são de curta duração; dois, <u>infelicidade</u>, são agitadas, não pacíficas e sempre cambiantes; e três, <u>irrealidade</u>, não possuem existência substancial em si mesmas como marolas, sendo meras manifestações da forma da água devido ao vento. Do mesmo modo, esse mundo fenomenal é uma mera manifestação da essência da mente devido à ignorância.

"Portanto, Ananda, o que revelou a existência de sua mente essencial quando você olhou para meu punho não foi nem deixou de ser a aparência do meu punho conforme discriminada por sua mente discriminadora, pois ambas são apenas marolas na superfície; naturalmente, sua mente essencial é a base na revelação da visão, como o mar é a base das ondas.

"Enquanto você se agarrar a essa mente-cérebro de consciência discriminadora que depende dos diferentes órgãos dos sentidos como se fosse a mente essencial, enquanto você se agarrar a essa concepção enganadora de pensamento discriminativo baseada em irrealidades, enquanto você continuar confundindo a delusão como sendo realidade, você não estará livre dos intoxicantes surgidos das contaminações e apegos mundanos e sempre estará submetido à roda de pesar no mundo transmigratório maligno do Sangsara, que não passa de uma nódoa na realidade brilhante."

Ananda estava em lágrimas e pesaroso e se desculpou por seu grande ensinamento e grande vexame também, que chamou de os dois grandes empecilhos.

Buda cerrou o punho outra vez e o ergueu ao sol radiante: "Por que meios a luminosidade da visão deste punho se manifesta?"

Ananda: "Devido à luminosidade eu o vejo com meus olhos e minha mente concebe essa luminosidade."

Buda: "Sua percepção da visão depende da luminosidade?"

Anada: "Sem luminosidade eu não veria nada."

Buda: "Em sua cegueira, um homem cego vê escuridão e nada mais. Não existe perda de sua concepção de visão, mas sua concepção é de escuridão. Ele simplesmente vê como qualquer homem que enxerga e é trancado em uma peça escura. Feche seus olhos, Ananda, o que você percebe a não ser escuridão?"

Ananda admitiu que percebia a escuridão.

Buda: "Se o homem cego de repente recuperasse a visão, seria como se uma lamparina tivesse sido levada para uma peça escura, e poderíamos dizer que o homem vê objetos de novo por meio da lamparina. Mas a percepção da visão, a percepção em si, não depende nem dessas duas concepções arbitrárias de luminosidade e escuridão, nem da lamparina, nem dos olhos, porque a percepção da visão, a percepção em si, origina-se em sua mente essencial perfeita e original. A mente Essencial transcende e habita todos os fenômenos de causas e condições como luminosidade, escuridão, olhos e lamparinas, e é livre deles e reage livremente a eles quando surge a ocasião, assim como o mar transcende e habita todas suas marolas, e contudo reage livremente a elas quando surge a ocasião de se encapelar.

"Portanto, na verdade não é nem a concepção de luminosidade em sua mente, nem seus olhos que percebem meu punho."

Ananda sentou-se zonzo na esperança de uma explicação mais clara dessa instrução pelo espírito bondoso e gentil do mestre, e aguardou com um coração puro e expectante.

O Abençoado, com grande bondade, deixou a mão repousar gentilmente sobre a cabeça de Ananda e disse a ele: "O motivo por que todos os seres sencientes fracassam em atingir a iluminação até se tornar budas é terem se extraviado em concepções falsas referentes aos fenômenos e objetos que corromperam suas mentes. Profundamente absortos em seus sonhos, não conseguem acordar para a realidade da vacuidade luminosa e perfeita de sua mente essencial que está por toda parte. Eles não sabem que tudo é visto pela mente em si.

"Concentram-se no sonho em vez de se concentrar na mente que o produz.

"A mente essencial é como o espaço aberto, permanente e imóvel; o sonho da existência é como as partículas de poeira deslocando-se e aparecendo e desaparecendo no espaço aberto.

"A mente essencial é como a hospedaria; mas o sonho da existência é como o viajante impermanente que pode apenas pernoitar e tem que seguir adiante, sempre mudando."

Buda, erguendo a mão, abriu os dedos e depois fechou-os: "Ananda, o que está em movimento e o que está parado?"

Ananda viu que era a mão do Abençoado que se abria e fechava, e não a "visão" dele que se movia. "Meu Senhor, eram os dedos que estavam em movimento, não a percepção de meus olhos."

"Ananda", disse Buda, "você não consegue ver a diferença de natureza naquilo que se move e muda, e naquilo que é imóvel e imutável? É o corpo que se move e muda, não a mente.

"Por que você olha com tanta persistência para o movimento como pertencendo ao corpo e à mente? Por que permite que seus pensamentos surjam e sucumbam, deixando o corpo governar a mente, em vez de a mente governar o corpo?

"Por que deixa seus sentidos enganarem você quanto à verdadeira natureza imutável da mente e então faz coisas ao contrário, na direção do princípio da ignorância, que conduz ao movimento e à confusão e ao sofrimento?

"Quando um indivíduo esquece da verdadeira natureza da mente, confunde os objetos que são como marolas na superfície ilimitada como sendo sua mente no todo, confunde os reflexos dos objetos como sendo sua mente, prendendo-se assim aos infindáveis movimentos inquietos, às mudanças impermanentes e ao sofrimento dos ciclos recorrentes de mortes e renascimentos que são causados por ele mesmo.

"Você deveria considerar tudo que muda como 'partículas de poeira' e aquilo que é imutável como sendo a verdadeira natureza da mente."

Então Ananda e toda a assembleia compreenderam que, desde tempos sem princípio, eles haviam esquecido e ignorado sua verdadeira natureza em meio aos reflexos ilusórios do mundo e que o mundo era mente-apenas. Sentiram-se como um bebê que houvesse encontrado o seio da mãe e ficasse com o espírito calmo e pacífico. Suplicaram ao Senhor Tathagata para lhes ensinar como fazer distinções corretas entre corpo e mente, entre o real e o irreal, entre o que é verdadeiro e o que é falso, entre as naturezas manifestas de mortes e renascimentos de um lado, e de outro lado a natureza intrínseca daquilo que é não nascido e nunca morre; uma aparecendo e desaparecendo, a outra permanecendo para sempre dentro da essência da mente.

O rei Prasenajit ergueu-se e pediu a Buda alguma instrução que lhe permitisse compreender a natureza de não morrer e não renascer, de modo que começasse a entender o estado que libertava definitivamente da roda de mortes e renascimentos. Buda pediu-lhe que descrevesse sua aparência atual em comparação com seu aspecto de menino. O rei exclamou: "Como posso comparar meu presente com minha juventude?", e descreveu o processo gradual de decadência e mudança ano após ano, mês após mês, "sim, dia a dia", que logo acabaria em sua completa destruição. Buda então perguntou quantos anos ele tinha quando viu o rio Ganges pela primeira vez, tinha três; e na segunda vez, tinha treze; e quantos anos ele tinha agora, 62; e se sua percepção do Ganges havia mudado. O rei respondeu: "A visão de meus olhos não é mais tão boa, mas minha percepção da visão é a mesma de sempre."

Buda dirigiu-se a ele: "Sua majestade! Você se entristece pelas mudanças em sua aparência pessoal desde a juventude – o cabelo cinzento e o rosto enrugado, a circulação sanguínea falha –, mas diz que sua percepção da visão comparada à de quando era jovem não mostra mudança. Diga-me, sua majestade, existem juventude e velhice na percepção da visão?"

"Absolutamente não, sua senhoria."

Buda continuou: "Sua majestade! Embora seu rosto tenha ficado enrugado, na percepção de seus olhos não há sinais de idade nem rugas. Então, as rugas são símbolos da mudança, e o não enrugado é o símbolo do imutável. Aquilo que está mudando deve sofrer destruição, mas o imutável está livre de mortes e renascimento."

Todo mundo na assembleia ficou imensamente animado ao ouvir essa antiga novidade do Tathagata e ao começar a compreender sua verdade misteriosa.

Então Ananda quis saber por que, uma vez que a percepção da mente é livre de mortes e renascimentos, as pessoas ainda assim esquecem a verdadeira natureza da mente e agem em um estado de "confusão ao contrário" na direção do princípio da ignorância.

Buda estendeu o braço com os dedos apontados para baixo em um <u>mudra</u> místico. "Ananda, se esta posição é chamada de 'contrária', o que você chamaria de correta?"

"Senhor, colocando os dedos para cima seria chamada de 'correta'."

Buda virou a mão de repente e disse a Ananda: "Se essa interpretação de posições contrária e correta é feita simplesmente virando a mão, de modo que os dedos apontem para cima ou para baixo sem qualquer mudança na localização da mão, isto é, conforme é visto pelos seres neste mundo, então você deve saber que a essência universal da mente que por tudo é sempre tudo, que é o ventre do Tathagata, que é o puro dharmakaya (corpo da lei estabelecida), pode ser interpretada de maneira diferente ao ser analisada sob diferentes pontos de vista, como sendo tanto nirvana não nascido além da existência, a 'verdadeira iluminação' do Tathagata (luminosa, perfeita, vazia, imortal), quanto sangsara, existência condicional, o mundo que temos, mortal, impuro, escuro, sofrido, as aparições de ignorância na mente-cérebro discriminadora, a 'posição ao contrário'."

Ananda e toda a assembleia ficaram confusos e olharam para ele boquiabertos. O que ele queria dizer com uma posição de mente ao contrário? Contudo, o motivo pelo qual agora estavam vendo-o com os olhos em vez de ver apenas nada no verdadeiro vazio puro era exatamente a posição ao contrário de suas mentes.

Com grande compaixão no coração, Buda compadeceu-se de Ananda e da grande assembleia. Falou para eles em tom animador: "Meus bons e fiéis discípulos! Não estive lhes ensinando constantemente que todas as causas e condições que caracterizam os fenômenos cambiantes e os modos da mente e os diferentes atributos da mente e as condições da mente desenvolvidas de forma dependente são tudo simplesmente manifestações da mente; e que todo seu corpo e mente não passa de manifestações da maravilhosa, luminosa e verdadeira natureza da essência da mente todo-abrangente e misteriosa?

"Tudo está acontecendo na mente de vocês, como um sonho.

"Tão logo vocês despertam e param de sonhar, a mente retorna à sua vacuidade e pureza originais.

"Na verdade, sua mente já retornou à vacuidade e pureza originais, e este mundo não passa de uma sombra vacilante.

"Por que vocês ainda esquecem tão facilmente dessa mente de pureza perfeita natural, maravilhosa e iluminada – essa misteriosa mente de luminosidade radiante?

"E por que ainda estão aturdidos na compreensão de sua consciência?"

E então Buda descreveu a gênese do mundo em poucas palavras: "Espaço aberto nada mais é que obscuridade indivisível; a obscuridade indivisível do espaço está misturada com escuridão para parecer formas; as sensações da forma são transformadas em concepções ilusivas e arbitrárias dos fenômenos; e dessas falsas concepções inventadas dos fenômenos desenvolve-se a consciência do corpo.

"Assim, dentro da mente – que por fim estreita-se na mente-cérebro do eu, essa mistura de causas e condições, segregando-se em grupos e entrando em contato com os objetos projetados do mundo –, há desejo ou medo despertos que dividem a mente de imperturbabilidade original e fazem com que se excite em paixão ou pânico, em indulgência ou raiva. Todos vocês têm aceitado essa concepção autoconsciente confusa como sendo a própria natureza de sua mente.

"Tão logo aceitam isso como a verdadeira mente, não é de espantar que fiquem aturdidos e suponham que ela se localize em seu corpo físico e que todas as coisas externas, montanhas, rios, os grandes espaços abertos e o mundo inteiro, estejam fora do corpo.

"Não é de espantar que vocês fracassem em perceber que tudo o que conceberam de forma tão falsa só tem existência dentro de sua maravilhosa e luminosa mente da essência verdadeira.

"De modo semelhante vocês abandonaram todos os grandes, puros e calmos oceanos de água e se agarraram a uma marola que não apenas aceitam como se fosse, mas que consideram que seja a massa total de água de todas as centenas de milhares de oceanos. Em tal atordoamento vocês se revelam tolos entre tolos. Ainda que eu mova meu dedo para cima ou para baixo, não há mudança na mão em si. Ainda que vocês esqueçam ou não a verdadeira natureza da mente, não há mudança na verdadeira natureza da mente. Mas o mundo faz uma distinção, e diz que agora a mão está na posição correta, agora está ao contrário, e agora a verdadeira natureza da mente é a pureza do nirvana, agora é a sujeira do sangsara. Visto que a essência está além de qualquer tipo de concepção, aqueles que fazem isso são dignos de muita piedade."

Ananda, percebendo que sua mente essencial era a base permanente para sua mente-cérebro discriminativa cambiante, quis saber se a mente que estava individualizando e discriminando os ensinamentos de seu Senhor sobre a mente essencial era igual à mente essencial.

Buda respondeu: "Ananda, quando em meu ensinamento eu aponto o dedo para a lua, você toma meu dedo como sendo a lua. Se você tomasse aquilo que discriminou meu ensinamento como sua mente, então, quando ela pusesse de lado as concepções sobre o ensinamento discriminado, a mente ainda reteria sua natureza discriminadora, o que ela não faz.

"É como um viajante procurando uma hospedaria onde possa descansar por pouco tempo, mas não permanentemente. Porém, o dono da hospedaria vive ali de modo permanente, ele não vai embora. É a mesma coisa com essa dificuldade. Se a mente-cérebro discriminadora fosse a mente verdadeira, jamais deveria mudar e ir embora. Como ela pode ser sua mente verdadeira se, tão logo cessa o som de minha voz, ela não tem natureza discriminadora?

"Tanto sua mente-cérebro, que é como uma marola, quanto sua essência, que é como o mar, possuem uma natureza individual e original que é a única e verdadeira realidade."

Ananda disse: "Nobre Senhor, se tanto minha mente--cérebro discriminadora quanto sua essência possuem uma origem, por que a mente essencial, que é como o mar, que acaba de ser proclamada pelo Senhor Buda como sendo una com a mente-cérebro discriminadora, não retorna a seu estado natural?" Mas tão logo perguntou isso Ananda percebeu que estava falando sobre uma origem que não tinha necessidade de retornar.

E então Buda prosseguiu para detalhar o ensinamento que libertaria os devotos da assembleia da submissão à percepção falsa.

"Na verdade não existe luminosidade, exceto como percepção da luminosidade – pois o que é luminoso para a porta?

"A luminosidade não é causada pelo sol; o sol simplesmente torna possível que haja a percepção de luminosidade no espaço aberto. Para onde vocês remetem a percepção de luminosidade? Não para o sol. Para a mente que percebe.

"Porque, se vocês remetessem a faculdade de percepção para o sol e dissessem que ela provinha do sol, então, quando o sol de pusesse e não houvesse luminosidade, não haveria percepção da escuridão. A percepção é nossa mente essencial; a luminosidade do sol ou a pálida escuridão da lua são as marolas condicionais em sua superfície.

"O que seu ouvido sabe de luminosidade ou escuridão? O que seu olho sabe de silêncio ou som? Saibam então que os fenômenos que os órgãos dos sentidos percebem não se originam na realidade da mente essencial, mas nos próprios sentidos.

"Por exemplo, Ananda, a luminosidade do sol que seu olho percebe não se origina na realidade da mente essencial, que não é nem luminosidade nem escuridão, mas existe exclusivamente para seus olhos e em seus olhos.

"E você deve saber, Ananda, que o fogo que arde há séculos lá em cima, que chamamos de sol, que seus olhos, corpo e mente-cérebro percebem, não se origina na realidade da mente essencial que é o vazio sagrado e está além de todas as condições de fogo e ausência de fogo, mas existe exclusivamente para os olhos, corpo e mente-cérebro, e nos olhos, corpo e mente-cérebro.

"Ananda, se você não tivesse corpo, para você não poderia haver chão, e você poderia passar através dele. Esse é o seu sol.

"Ananda, na realidade é simplesmente tão tolo dizer que não existe corpo nem chão quanto dizer que existe um corpo e um chão: pois tudo é vazio e uma visão em todos os aspectos. Esse é o seu sol."

Essas palavras misteriosas amedrontaram os discípulos, que queriam uma explicação simples; com isso Buda, sempre obedecendo à sinceridade intrínseca universal na essência do coração deste mundo ignorante, cedeu aos fervorosos desejos deles.

"Meus bons e fiéis discípulos, em resposta ao pedido de Ananda sobre como pode ele compreender plenamente que a natureza da percepção de sua mente, que é constante e profundamente serena diante de fenômenos aparentes, é sua natureza verdadeira e essencial, pedirei a ele que vá ao limite extremo da visão comigo, ou seja, abandonarei minha visão de Tathagata que alcança livremente qualquer lugar através de todas as terras puras de Buda, maiores em número do que as diminutas partículas de poeira, e irei com Ananda aos palácios do sol e da lua – você vê qualquer coisa ali que pertença à nossa natureza verdadeira e essencial? Chegando mais perto das sete montanhas douradas que cercam o Monte Sumeru, olhe com cuidado, o que você vê? Vemos todos os tipos de luminosidade e magnificência, mas nada que pertença à nossa natureza verdadeira e essencial. Aproximando-nos mais, chegamos às nuvens volumosas, pássaros que voam, ventos velozes, poeira que se eleva, montanhas, os bosques familiares, árvores, rios, ervas, vegetais, animais, dos quais nada pertence à nossa natureza verdadeira e essencial.

"Ananda, em relação a todas essas coisas, distantes ou próximas, conforme percebidas pela essência pura de seus olhos que percebem, elas possuem características diferentes, mas a percepção de nossos olhos é sempre a mesma. Isso não significa que essa essência maravilhosa da percepção da visão, nem fixa, nem cambiante, é a verdadeira natureza de nossas mentes?"

A seguir Ananda quis saber se, uma vez que a essência da percepção da visão permeia naturalmente o universo inteiro, por que agora, enquanto ele e Buda estavam no salão, sua percepção da visão era fragmentada por paredes e casas.

"Ananda", respondeu Buda, "não é um atributo da essência de nossa percepção da visão que haja paredes erguidas e assim os olhos não possam ver através de sua impenetrabilidade, ou que as paredes estejam caídas e os olhos possam ver através do espaço aberto, ou que seja luminoso e assim os olhos possam ver a luminosidade, ou que seja escuro e desse modo os olhos possam ver a escuridão. Essa mutabilidade não é um atributo de nossa percepção verdadeira da visão que é a mente essencial maravilhosa, luminosa, que, como o espaço, não é cambiante nem fixa.

"Ananda, a aparência da parede não oculta a verdadeira vacuidade, a verdadeira vacuidade não aniquila a aparência da parede."

Então Buda seguiu dizendo: "Suponha, Ananda, que eu e você estejamos olhando os jardins, até mesmo o sol e a lua, e vendo os múltiplos objetos, e não haja uma 'coisa' como percepção da visão que possa ser apontada para nós. Mas, Ananda, entre todos esses múltiplos fenômenos, você pode me mostrar qualquer coisa que não pertença à percepção da visão?"

Ananda respondeu: "Nobre Senhor! É verdade, agora estou convencido de que todos os objetos, quaisquer que sejam, pequenos ou grandes, onde quer que haja manifestações e aparências, pertencem todos à percepção da visão."

Buda expressou concordância, dizendo: "Assim é, Ananda, assim é."

Então todos os discípulos novatos, exceto os mais velhos entre eles, que haviam terminado a prática de meditação, tendo escutado a discussão e sem entender o significado da conclusão, ficaram confusos e amedrontados e perderam o domínio de si.

O Tathagata consolou-os: "Meus bons e leais discípulos! Tudo o que o professor do Darma ensinou são palavras verdadeiras e sinceras, não são extravagantes nem fantasiosas e quiméricas. Não devem ser comparadas com os paradoxos intrigantes propostos como enigmas pelo famoso professor herege. Não fiquem perturbados pelo que foi ensinado, mas ponderem sobre isso a sério e jamais se entreguem à tristeza ou ao deleite."

Então Manjusri levantou-se e quis para o bem dos outros que fosse explicada a ambiguidade sobre as coisas que vemos existirem para a percepção da visão e a ela pertencerem; e assim disse: "Para esses irmãos a explicação precisa ser muito clara."

Buda respondeu: "Manjusri e meus bons discípulos, por que haveria qualquer ambiguidade quanto a pertencer ou não pertencer, entre a percepção da visão que é o oceano e a visão das coisas que é como as marolas no mesmo oceano?

"Os tathagatas dos dez quadrantes do universo, quer ensinem com ou sem palavras, juntos com todos os grandes seres sábios, uma vez que residem intrinsecamente em êxtase, consideram todas as visões das coisas, suas causas e condições, e todas as concepções sobre elas, como flores visionárias no ar, não possuindo verdadeira natureza de existência em si mesmas porque compartilham do vívido estado imaginário infeliz das marolas surgidas de causas.

"A maravilhosa e luminosa percepção da visão, a visão dos objetos bem como os objetos em si, todos pertencem intrinsecamente à mente essencial pura, perfeita.

"Portanto, quando alguém olha para essas manifestações, que são flores visionárias surgindo dos sentidos em contato com objetos, deve lembrar que todas são ilusões, e então não haverá ambiguidade."

Em seguida Ananda, declarando sua fé no ensinamento de Buda de que a percepção pura da visão em si era sua mente essencial e que todas as variadas visões pertenciam a ela apenas na essência porque não tinham natureza própria, mas eram como marolas vindo e indo ao sabor da ignorância, quis então saber como exatamente tudo isso funcionava, de modo que pudesse apreender com sua mente o que seu coração acreditava a respeito da confiabilidade do ensinamento de Buda.

E em seguida Buda explicou como funcionava a percepção falsa dos olhos. "Ananda, são os olhos, não a percepção intrínseca da mente, que estão sujeitos a falsos equívocos. Um homem com olhos doentes vê um halo em volta da lamparina, mas não é sua mente essencial imperturbável que desenvolve o halo, é a mente-cérebro discriminadora em conformidade com os olhos doentes. Da mesma forma, olhos saudáveis veem bolas imaginárias e flores viajantes no espaço vazio. Saiba: é porque os olhos estão naturalmente investidos da falsa percepção da visão que tudo o que você vê com seus olhos é uma marola falsa. Tem sido assim com a vista desde tempos sem princípio; o simples fato de você ter vista é parte de seu carma, sua herança de ações ignorantes cometidas em algum outro momento.

"Mas, Ananda, não fique perturbado. Visto que é apenas uma questão de tempo você largar essa vista, então você já largou-a.

"Ananda, não apenas o órgão dos sentidos conhecido como olhos, mas os outros cinco órgãos dos sentidos – ouvidos, nariz, língua, corpo e cérebro – são por natureza falsos e fantásticos e continuam a fazê-lo de bobo enquanto você vive e respira.

"Deixe-me mostrar como todos os seis órgãos operam para iludi-lo e fazê-lo esquecer a vacuidade luminosa, perfeita, misteriosa, divina de sua mente essencial e verdadeira.

"Quando você olha o espaço vazio no céu diurno, imediatamente começa a ver bolinhas imaginárias e flores viajantes; outras visões estranhas, como partículas da energia ardente do sol, podem ser vistas a intervalos como luzinhas, mas essas partículas cósmicas parecem pertencer à energia do sol; porém, onde está a fonte das flores imaginárias? Ananda, elas são pura e simplesmente aparências falsas e fantásticas. E por quê? Porque se essas flores imaginárias pertencessem à visão, naturalmente teriam o poder de ver, seriam como sua visão, e estando ali bem à vista de seus olhos você poderia ver a si mesmo com elas. Ou então, se elas pertencessem ao espaço vazio, estariam vindo de e indo para algum lugar no espaço vazio e se ocultando no espaço vazio, de modo que você não mais poderia dizer que fosse um espaço vazio. Esteja certo de que é espaço vazio, e, ao olhar, a percepção foi estimulada a partir do sono sem sonho nas profundezas da mente essencial, e a visão do que havia para ser visto tornou-se manifesta. Ananda, as flores imaginárias são indicativos da condição doentia da névoa mórbida que chamamos de 'vista boa' e que foi decisiva para tornar os seres sencientes bobos deploráveis de visões falsas desde tempos sem princípio.

"Acontece o mesmo com sua percepção de sensação, é a percepção falsa do corpo."

"Como assim, meu Senhor?"

"Ananda, é o corpo, não a percepção intrínseca da mente, que está sujeito a equívocos falsos. Um homem com o corpo doente sente dor, mas não é sua mente essencial que desenvolve a dor, é sua mente-cérebro discriminando de acordo com o corpo doente. Da mesma forma, corpos saudáveis sentem o tato, que é imaginário, no espaço vazio. Saiba então: é porque o corpo está naturalmente investido da percepção falsa de tato que tudo o que você sente com seu corpo é uma marola falsa. Tem sido assim com o corpo desde tempos imemoriais; o simples fato de você ter um corpo é parte do seu carma, sua herança de ações ignorantes cometidas em algum outro momento.

"Mas não fique perturbado, Ananda. Visto que é apenas uma questão de tempo você abandonar esse corpo, então você já o abandonou.

"Quando você esfrega as mãos uma na outra e sente sensações de maciez e calor, ou de aspereza e frio, onde está a fonte dessa percepção de sensação? Ananda, é pura e simplesmente uma sensação completamente falsa e fantástica. E por quê? Porque, se a sensação de tato pertencesse às mãos, elas naturalmente manifestariam a sensação de tato o tempo todo e não seria preciso esperar que se esfregassem uma na outra. Ou então, se a sensação de tato pertencesse não ao corpo, mas àquilo que não é o corpo, ao espaço vazio, ela seria sentida por todo o corpo o tempo todo e não apenas ao se esfregar as mãos.

"Esteja certo de que é espaço vazio, e pelo tato a percepção foi estimulada a partir do sono sem sonho nas profundezas da mente essencial, e a sensação de tato tornou-se manifesta. Ananda, a sensação de tato é um indicativo da condição doentia da névoa mórbida que chamamos de 'corpo saudável' e que foi decisiva para transformar os seres sencientes em bobos deploráveis de sensações falsas desde tempos sem princípio.

"Ocorre o mesmo com sua percepção da audição; é a percepção falsa dos ouvidos."

"Como assim, meu Senhor?"

"Ananda, são os ouvidos, não a percepção intrínseca da mente, que estão sujeitos a equívocos falsos. Um homem com ouvidos doentes ouve um ronco na cabeça, mas não é sua mente essencial imperturbável que desenvolve o ronco, é sua mente-cérebro discriminando de acordo com os ouvidos doentes. Da mesma forma, ouvidos saudáveis ouvem o som, que é imaginário, no espaço vazio. Saiba então: é porque os ouvidos estão naturalmente investidos da percepção falsa de som que tudo o que você ouve com seus ouvidos é uma marola falsa. Tem sido assim com os ouvidos desde tempos sem princípio; o simples fato de você ter ouvidos é parte do seu carma, sua herança de ações ignorantes cometidas em algum outro momento.

"Mas não fique perturbado, Ananda. Visto que é apenas uma questão de tempo até você abandonar esses ouvidos, então você já os abandonou.

"Quando você me ouve bater o gongo, as assim chamadas vibrações chocam-se com seu tímpano auditivo e você percebe o som do gongo, mas onde está a fonte desse som? Ananda, é pura e simplesmente um som completamente falso e fantástico. E por quê? Porque, se esse som tivesse sua fonte em seus ouvidos, naturalmente não estaria no gongo, e seus ouvidos perceberiam o som o tempo todo e não seria preciso esperar pelo bater do gongo. Ou então, se o som pertencesse ao gongo e dependesse do gongo e tivesse sua fonte no gongo, e fosse o movimento das ondas sonoras a partir do gongo que estivesse desenvolvendo o som, como então seus ouvidos poderiam conhecê-lo mais do que o bastão que bate no gongo? Se o som não veio nem dos ouvidos nem do gongo, é como as flores imaginárias no céu, uma fantasia no espaço vazio, marolas que os seres sencientes discriminam e chamam de som. O sábio deixa de considerar aparências e nomes como realidades. Quando aparências e nomes são deixados de lado e toda discriminação cessa, aquilo que resta é a natureza verdadeira e essencial das coisas, e, como nada pode ser afirmado quanto à natureza da essência, ela é chamada de 'talidade' da realidade. A 'talidade' universal, indiferenciada, inescrutável, é a única realidade, mas é caracterizada de maneiras variadas como verdade, essência da mente, inteligência transcendental, nobre sabedoria e assim por diante. Essa lei da ausência de imagem e ausência de som da natureza essencial da realidade última é a lei que foi proclamada por todos os budas. Tão logo cessam o bater e martelar extravagantes e os movimentos ruidosos do mundo, cessa a imaginação do som, mas a essência da natureza da audição permanece como espaço vazio potencial e puro. Esteja certo de que é espaço vazio, e devido à minha batida no gongo a percepção foi estimulada a partir do sono sem sonho nas profundezas da mente essencial e a audição do som tornou-se manifesta.

"Quanto aos sons, que são marolas, você pode insistir que as marolas são reais, mas porque são marolas logo se tornarão não marolas, e portanto já são não marolas na realidade última.

"Ananda, a audição do som é um indicativo da condição doentia da névoa mórbida que chamamos de 'ouvidos bons' e que foi decisiva em transformar os seres sencientes em bobos deploráveis de sons falsos desde tempos sem princípio.

"É a mesma coisa com sua percepção do olfato; é a percepção falsa do nariz."

"Como assim, meu Senhor?"

"Ananda, é o nariz, não a percepção intrínseca da mente, que está sujeito a equívocos falsos. Um homem com um nariz doente sente um odor metálico desagradável, mas não é sua mente essencial imperturbável que desenvolve o odor, é sua mente-cérebro discriminando de acordo com o nariz doente. Da mesma maneira, um nariz saudável sente o odor, que é imaginário, no espaço vazio. Saiba então: é porque o nariz está naturalmente investido da percepção falsa de odor que tudo o que você cheira com seu nariz é uma marola falsa. Tem sido assim com o nariz desde tempos sem princípio; o simples fato de você ter um nariz é parte do seu carma, sua herança de ações ignorantes cometidas em algum outro momento.

"Mas não fique perturbado, Ananda. Visto que é só uma questão de tempo você abandonar esse nariz, então você já o abandonou.

"Botões de flores são explosões delicadas de seus breves eus. Quando essas flores são colocadas diante de você, as partículas extremamente sensíveis do botão atravessam o espaço e vão de encontro ao receptor impassível do seu nariz, e você fica ciente de uma percepção de fragrância, mas onde está a fonte desse fenômeno de fragrância? Ananda, é pura e simplesmente um odor completamente falso e fantástico. E por quê? Porque, se esse odor tivesse origem no nariz, por que o nariz teria que esperar até as flores serem trazidas diante dele para se sentir a fragrância das flores? Se esse odor tivesse origem no nariz, o nariz sentiria o odor o tempo todo e o fenômeno do odor não estaria sujeito a acidentes e condições como colocar as flores diante de você. Assim, o odor deve ter origem nas flores, mas por que o fenômeno do odor precisa ter um nariz e as condições de um nariz para senti-lo e discriminá-lo como odor? Ou por que o odor não se manifesta aos olhos ou ouvidos? Pois, se flores e odor tivessem natureza própria, todo espaço seria de uma só fragrância. Assim, pois, se o odor das flores tivesse origem não no seu nariz, mas no espaço vazio entre seu nariz e as flores, você teria que dizer que o odor está vindo de algum lugar e indo para algum outro lugar, visto que aparece e desaparece e se esconde no espaço vazio, e você não mais poderia chamá-lo de espaço vazio. Esteja certo de que é espaço vazio, e, ao cheirar as flores, a percepção universal foi estimulada a partir do sono sem sonho nas profundezas da mente essencial, e a sensação do odor surgiu de acordo com a condição individual do nariz.

"Ananda, essa sensação de odor é um indicativo da condição doentia da névoa mórbida que chamamos de 'nariz bom' e que foi decisiva em transformar os seres sencientes em bobos deploráveis dos odores falsos desde tempos sem princípio, fazendo com que virem ao contrário e façam coisas em ordem reversa.

"E é a mesma coisa com sua percepção de sabor; é a percepção falsa da língua."

"Como assim, meu Senhor?"

"Ananda, que gosto tem o molho de curry para a tigela de madeira? Ananda, é a língua, não a percepção intrínseca da mente, que está sujeita a equívocos falsos. Um homem com uma língua doente sente um gosto algodoado desagradável, mas não é a mente essencial imperturbável que desenvolve o gosto, é a mente-cérebro discriminando de acordo com a língua doente. Do mesmo modo, uma língua saudável sente o sabor, que é imaginário, no espaço vazio. Saiba então: é porque a língua está naturalmente investida da percepção falsa de sabor que tudo o que você sente com sua língua é uma marola falsa. Tem sido assim com a língua desde tempos sem princípio; o simples fato de você ter uma língua é parte do seu carma, sua herança de ações ignorantes cometidas em algum outro momento.

"Mas não se perturbe, Ananda. Uma vez que é apenas uma questão de tempo você abandonar essa língua, então você já a abandonou.

"Quando o molho de curry entra em contato com seu palato, e seja o meu palato ou o seu, ambos sentem o sabor picante, os elementos altamente cambiantes e seus condimentos são recebidos pelos dutos gustativos da língua e a percepção de sabor emerge, e, de acordo com nossas energias do hábito, dizemos que o gosto é 'bom' ou 'ruim', mas onde esse chamado sabor tem origem? Ananda, é pura e simplesmente um sabor completamente falso e fantástico. E por quê? Porque, se esse sabor tivesse origem na língua, naturalmente não seria necessário que houvesse molho para se sentir o sabor do molho, mas vemos que isso só acontece quando o molho é colocado na boca. Ou então, se o sabor tivesse origem no molho, como poderia a língua saber mais dele que a tigela de madeira? Ananda, o sabor é uma fantasia no espaço vazio e, ao provar o molho, a percepção universal foi estimulada a partir do sono sem sonhos da mente essencial, e a sensação do sabor fez sua aparição conforme a língua individual.

"Ananda, sentir o sabor é um indicativo da condição doentia da névoa mórbida que chamamos de 'língua boa' e que foi decisiva em transformar os seres sencientes em bobos deploráveis de sabores falsos desde tempos sem princípio, causando-lhes desgosto.

"E é a mesma coisa com sua percepção do pensamento, é a percepção falsa do cérebro."

"Como assim, meu Senhor?"

"Ananda, é o cérebro, não a percepção intrínseca da mente, que está sujeito a equívocos falsos. Um homem com um cérebro doente pensa que sua cabeça tornou-se um duende, mas não é sua mente essencial imperturbável e clara como cristal que desenvolve esse pensamento, é sua mente-cérebro discriminando de acordo com o cérebro doente. Da mesma maneira, um cérebro saudável gera pensamentos, que são imaginários, no espaço vazio. Saiba então: é porque o cérebro está naturalmente investido da percepção falsa do pensamento discriminativo que tudo o que você concebe com seu cérebro é uma marola falsa. Ananda, a autorrealização intuitiva da nobre sabedoria que vem com a inteligência transcendental que revela a mente essencial e verdadeira, que sempre foi uma atividade inconcebível da pureza da natureza de Buda permeando tudo o tempo todo, em outras palavras, aquilo que acontece quando um ser senciente vê a luz previamente obscurecida por seu cérebro como a lua por uma nuvem, não é um pensamento discriminativo individualizado aparecendo no cérebro daquela bolha conhecida como o eu de Ananda. O pensamento falso e agitado que leva à obscuridade da ignorância e do carma, a percepção do cérebro, tem sido assim desde tempos sem princípio; o simples fato de você ter um cérebro e ele ter se desenvolvido desde o seu assim chamado nascimento é parte de seu Carma, sua herança de ações impuras condicionadas deste mundo cometidas em ignorância em algum outro momento.

"Mas não fique perturbado, Ananda. Visto que é apenas uma questão de tempo você abandonar esse cérebro, então você já o abandonou.

"É por causa das concepções condicionais opostas, duais e portanto falsas de aparência e desaparição que o cérebro formula pensamentos. Assim como olhos saudáveis que desenvolvem flores fantásticas no céu que contudo não pertencem aos olhos nem ao céu e são perfeitamente imaginárias, o cérebro desenvolve pensamentos que vêm e vão e não obstante não pertencem ao cérebro nem a nada e são perfeitamente imaginários. Onde está a origem desses milhões de pensamentos que passam em desfile contínuo nos sete tipos de rapidez através do anfiteatro escuro de seu cérebro? Ananda, cada uma dessas bilhões de bolhas é de uma só essência, essência da mente, e é pura e simplesmente um pensamento completamente falso e fantástico. E por quê? Porque, se um pensamento passageiro tivesse origem no cérebro, e o pensamento pertencesse ao seu cérebro, por que desapareceria e daria lugar a milhões de outros como ele, cada um deles uma marola adicional e transitória a ser desondulada-em-breve, como por exemplo um pensamento sobre fazer uma viagem, seguido imediatamente de um pensamento sobre o que preparar para o jantar. Com certeza esses são sonhos reais, Ananda, mas são sonhos! Ou, se um pensamento tivesse origem em algum outro local fora do cérebro, então, supondo que não houvesse cérebro, ficaria claro que o pensamento não poderia existir independentemente do cérebro, o que significa o mesmo que dizer que o pensamento é completamente falso e fantástico.

"Esteja certo, é tudo um tecido espectral no espaço vazio, e, pela discriminação de aparição e desaparição de pensamentos em seu cérebro, a percepção universal foi estimulada a partir do sono sem sonhos nas profundezas da mente essencial, na sua bem-aventurança isenta de imagens, reagindo em ajuste perfeito, e o pensamento sobre pensamentos apareceu de acordo com as condições individuais perturbadas do cérebro.

"Ananda, pensar pensamentos é um indicativo da condição doentia da névoa mórbida que chamamos de 'mente sã' e que foi decisiva em transformar os seres sencientes em bobos deploráveis de falsos pensamentos desde tempos sem princípio, fazendo-os agir na direção de mortes e renascimentos e assim perpetuando sua escravidão circundante à medonha roda da existência pesarosa.

"Aqueles que atingiram a iluminação e pararam de reparar naquilo que não necessariamente existe, isto é, na existência em si, que eles veem claramente como uma bolha que para todos os efeitos já estourou, estão como que a despertar do sono, e sua vida passada parece apenas um sonho."

Embora em seu íntimo Ananda estivesse implícita e verdadeiramente ciente da importância desse ensinamento de que os seis sentidos são falsos e fantásticos, em sua mente-pensante ele ainda não havia resolvido dilemas especulativos referentes à solidez e substancialidade aparentes de elementos como terra, água, fogo e vento e suas transformações contínuas, que, conforme o ensinamento prévio de seu Senhor, eram rematadas manifestações imaginárias da mente essencial ilimitada e nada mais.

Assim ele indagou respeitosamente sobre o assunto e, por seu silêncio e atenção perfeitos, mostrou-se pronto para o ensinamento do Abençoado.

Buda falou: "Ananda, é como você disse: todas as variedades e mudanças deste mundo nas quais os seis sentidos subjetivos parecem assumir contato objetivo são manifestadas por meio da combinação e adaptação dos quatro grandes elementos (terra, água, fogo, ar); existem três outros grandes elementos, quais sejam, espaço, percepção e consciência, somando no total sete grandes elementos. Vamos começar com o elemento terra.

"Por que a terra é uma bolha? Ananda, seria o caso de questionar se o centro de uma bolha é vazio ou não vazio? Porque a terra é feita de partículas infinitesimais de poeira que podem ser analisadas até o átomo, e o átomo disso, infinitamente, cada átomo em semelhança ao nosso universo, até o universo e o universo daquilo, de modo que os homens sábios sabem que em sua pequena pestana existem universos mais numerosos do que todas as areias no conjunto das inumeráveis areias do Ganges dos rios Ganges. Ananda, o que está acontecendo nesses vastos espaços espectrais, a propósito?

"Olhe com atenção! Perscrute através da aparência das coisas e você verá apenas o grande coração de compaixão de todos os budas de outrora para além da crença. Isso é <u>yathabhutam</u>, a visão verdadeira das coisas.

"Considere a natureza do elemento terra. Em uma forma tosca e grosseira ela cobre o globo, mas em uma forma altamente refinada é a poeira infinitesimal do espaço, e tudo o que os olhos podem ver pode ser reduzido aos seus elementos primários, de modo que tudo o que é visto como uma visão é terra. Você deveria saber, Ananda, que, se essa terra, essa poeira infinitesimal do espaço, fosse realmente reduzida à pureza e vacuidade do espaço, seria a partir dessa pureza inconcebível que os fenômenos da visão também seriam manifestados.

"Ananda, a natureza intrínseca da terra é a vacuidade real do espaço, o verdadeiro vácuo, ao passo que a natureza intrínseca do espaço é a verdadeira terra, a verdadeira essência.

"No ventre do Tathagata da não nascibilidade da essência não nascida de todas as coisas, que é a realidade última e suprema, espaço e visões têm frescor e pureza perenes, permeando tudo através dos universos dos fenômenos, e sendo sempre manifestados espontânea e perfeitamente de acordo com a quantidade de necessidade de carma acumulado sob a atividade consciente de seres sencientes que não passam de formas deploráveis de ignorância no que é como uma visão e um sonho há muito tempo acabados. Contudo, as pessoas do mundo, gigantes espectrais dentro da mente, ignorantes do princípio que governa sua própria existência, ficam aturdidas nos emaranhados de causas e condições e naturalismo, pensam que a terra ostenta sinais de uma natureza própria inerente e a chamam de 'natural' e 'mãe natureza', com todas as árvores mentais independentes de seus próprios corpos, pensam que isso existe devido a causas como a criação por um eu criador autocriado e autorrecordativo que as fez à sua imagem, e que sua existência decorre de condições de 'tempo', átomos, estações, intervenções celestes, destino pessoal, sendo tudo isso as discriminações de sua consciência mental e palavras meramente figurativas que na realidade não possuem significado.

"Ananda, de onde vem essa poeira infinitesimal, essa terra, e como ela permanece aqui? É como se alguém de repente lhe concedesse abastecimento livre e dissesse: 'Quanta terra você quer? Quanta visão você quer?' Contudo, você não quer realmente. O lugar onde a terra se origina está por toda parte. A terra obedece e a terra está por toda parte. Ou seja, a terra é a prova do fato de que as propriedades e combinações moleculares tomam parte na aparência da terra. A terra responde às combinações que podemos entender por meio de análise das propriedades moleculares, mas essas combinações não são seu local de origem, nem sua causa. Qual foi a condição original antes de ser atraída e combinada e se tornar terra? A mente essencial é a essência e a fonte dos fenômenos da terra."

Ananda disse a Buda: "Suplico que nos fale sobre o elemento água, meu nobre Senhor".

O Abençoado respondeu: "Por que a água é um sonho, Ananda? Seria o caso de questionar se um sonho é real ou irreal?

"Ananda, vamos considerar a natureza do elemento Água. Por natureza, a água é impermanente, seja na corrente dos rios ou nas ondas do mar. Quando o sol ergue-se ao amanhecer e aquece a névoa, a névoa goteja pingos d'água dentro da tigela. O que você acha disso, Ananda? A água vem da névoa, ou vem do espaço, ou realmente vem do sol? Se viesse do sol, então cada vez que o sol brilhasse haveria água por toda parte, mas vemos que é preciso haver névoa também. Se viesse da névoa, então por que teria de esperar até o nascer do sol para se destilar em água? Mas se você tivesse névoa e não surgisse água dela, isso provaria que a água não vem do sol. Se a água vem do espaço vazio entre o sol e a névoa, então, como o espaço é ilimitado e a água é igualmente ilimitada, todos os seres sencientes na terra ou no céu estariam sob o risco de se afogar. Se você dissesse que a água vem da combinação dos três, estaria dizendo que a água tem origem no sol, na névoa e na vastidão do espaço entre eles, o que soma três origens. De onde vem a água? Com certeza não pode vir de lugar nenhum. Então, considere mais uma vez que onde quer que haja névoa ao nascer do sol a água aparece; supondo-se que haja névoa por todo o mundo e a água apareça em toda parte, o que isso significaria?

"Ananda! Por que você ainda permanece na ignorância de que a natureza intrínseca da água é a vacuidade real, ao passo que a natureza intrínseca do espaço é a real essência da água?

"Na realidade da vacuidade radiante que é a essência da mente, tanto a água quanto o espaço residem no frescor e na pureza e em essência predominam por toda parte através dos universos e são livremente manifestados, e correspondem perfeitamente à acumulação e herança de carma da atividade consciente dos seres sencientes.

"Contudo, as pessoas deste mundo, ignorantes disso e por considerar a água como algo que aparece por meio de causas e condições exclusiva ou espontaneamente por sua natureza própria, ficaram aturdidas. Entretanto, todas essas pressuposições e preconceitos são falsos e são simplesmente discriminações feitas por sua própria consciência mental, meras palavras figurativas, sem base na realidade.

"De onde vem água e como ela permanece aqui? O lugar onde a água se origina está em toda parte; ou seja: a água responde a combinações como a destilação da névoa ao nascer do sol, mas essa combinação não é o local de origem da água. A mente essencial é a essência e a fonte dos fenômenos da água."

Ananda disse ao Abençoado: "Suplico que nos fale, meu nobre Senhor, sobre o elemento fogo".

O Abençoado respondeu: "Por que o fogo é uma ideia, Ananda? Seria o caso de questionar se um pensamento apareceu ou desapareceu?

"Ananda, vamos considerar o elemento fogo. O fogo não possui natureza individual própria, mas depende de outras considerações. Se você olhasse na direção da cidade de Sravasti na hora em que as pessoas estão se aprontando para preparar a refeição do meio-dia, veria que cada chefe de casa leva sua lente ao sol para acender fogo. A qualidade do fogo não é desenvolvida por meio da combinação e ajuste de lente e sol alto e gravetos. Por quê? Porque enquanto a pessoa segura a lente ao calor do sol a fim de acender o fogo, o fogo vem do vidro, ou vem da fibra do graveto que o calor concentrado incendeia, ou o fogo vem do sol, Ananda? Se o fogo vem do sol e incendeia a fibra do graveto, por que toda a floresta não se incendeia também? Se vem da lente e é quente o bastante para incendiar o graveto, por que a própria lente não queima? Assim sendo, não existe aparição de fogo até sua mão estender a lente entre o sol e a fibra. Mais uma vez, Ananda, pense com cuidado. Eis aqui certas condições em que, estando presentes, o fogo surge: você segura a lente em sua mão, a luz vem do sol, o graveto cresceu do solo, mas de onde vem o fogo e como ele permanece aqui? Não se pode dizer que o fogo não veio de lugar nenhum.

"Ananda, por que você ainda permanece na ignorância de que a natureza intrínseca do fogo é a vacuidade real, ao passo que a natureza intrínseca do espaço é a real essência do fogo? No ventre do Tathagata, tanto fogo quanto espaço habitam no frescor e na pureza e permeiam todas as partes através dos universos e se manifestam livre e perfeitamente, correspondendo à herança e acumulação de carma da atividade consciente dos seres sencientes. Portanto, você deveria saber, Ananda, que onde quer que as pessoas deste mundo empreguem lentes (ou esfreguem madeira dura e seca uma na outra) pode se atear fogo, e, como o fogo pode ser aceso por toda parte, esse é o lugar onde o fogo se origina. O fogo obedece e o fogo está em toda parte. Dadas as condições, ele surge, mas não são as condições que o manifestam; nem ele surge espontaneamente por causa de sua própria natureza, porque, se o fizesse, estaria tudo em chamas por toda parte e para sempre. E se por toda parte e para sempre não se pudesse ver outra coisa que não fogo, em combinação com circunstâncias propícias que ajudam a fazer o fogo aparecer, o que isso significaria? Não significaria que esse fogo universal seria a mente universal? Ou, se em toda parte e para sempre não se pudesse ver nada além de água, em combinação com circunstâncias propícias que ajudam a fazer a água aparecer, o que isso significaria? Não significaria que essa água universal seria a mente universal? Mas o caso é que há água aqui, fogo ali, porque são manifestações condicionais dependentes e reunidas, e as duas atuam e transformam uma à outra continuamente, como água fervente despejada sobre gelo e sendo congelada de novo. E assim a ação prossegue. Mas as pessoas deste mundo, ignorantes disso e considerando o fogo como manifestado por causas e condições ou de forma espontânea por meio de sua própria natureza, ficaram aturdidas. Entretanto, todas as pressuposições e preconceitos falsos delas são simplesmente as discriminações feitas por sua própria consciência mental, e são meras palavras figurativas sem nenhum significado na realidade.

"Ananda, com relação ao fogo, é como se fosse da natureza da sujeira, a natureza essencial da sujeira não é nem repugnante nem não repugnante, mas quem vai encarar essa realidade?"

Ananda disse: "Suplico que fale, meu nobre Senhor, sobre o elemento vento".

O Abençoado perguntou: "Por que o vento é um reflexo, Ananda? Seria o caso de questionar se um reflexo é permanente ou impermanente?

"Vamos considerar a natureza do vento. Não tem substancialidade visível e não possui permanência nem em movimento nem em imobilidade. Por exemplo, sempre que movimento minha mão perto de seu rosto uma pequena brisa sopra em seu rosto. O que você acha, Ananda: essa pequena brisa que responde livremente e em perfeita adequação ao movimento de minha mão vem da minha mão, como um reflexo no espelho, ou vem do ar-espaço entre minha mão e seu rosto? Se viesse de minha mão, quando minha mão repousa quieta em meu colo, onde estaria a brisa? Se vem do espaço do ar, por que seus lenços pendem imóveis? Além disso, como a natureza do espaço é permanente, se a brisa que vem do espaço deveria soprar constantemente. Quando não há brisa, isso significa que também não há espaço? Na medida em que a brisa vem e vai, qual é sua aparência ao vir e ir? Se ela vem e vai, então o espaço teria desaparições e aparições, mortes e renascimentos, e não mais poderia ser chamado de espaço. Se é chamado de espaço, como pode emitir vento a partir de sua vacuidade? Se a brisa que se sente no rosto vem daquele rosto, então a brisa deveria ser sempre sentida ali. O que origina a brisa e de onde ela vem? A brisa está adormecida na vacuidade, posso estimulá-la pelo movimento da minha mão, mas a origem da brisa não está no movimento da minha mão porque é para ali que a originalidade da brisa deve retornar quando minha mão está parada? Minha mão é espaço vazio, e a brisa está por toda parte. Se o vento vem de toda parte, onde pode estar a localidade específica que é a origem do vento?

"Ananda! Por que você ainda permanece na ignorância de que nos reinos de Tusita que estão além de concepções arbitrárias de qualquer tipo, sejam concepções sobre a existência ou sobre a não existência, a natureza intrínseca do vento é a vacuidade real, ao passo que a natureza intrínseca do espaço é a real essência do vento?

"E ocorre o mesmo com o espaço, que deve ser considerado como o quinto grande elemento. Ananda, a natureza do espaço não possui forma porque é a vacuidade clara como cristal que reduzimos em nossas mentes mortais a algo que reside entre coisas que parecem existir, como as estrelas, e elas são separação imaginária. O único modo pelo qual o espaço se manifesta aos nossos sentidos é pelas cores; a poeira infinitesimal no céu reflete raios de sol e vemos azul, por exemplo. Mas o espaço em si é apenas outra de nossas concepções arbitrárias, e não existe sequer uma coisa como 'espaço vazio', que implicaria que coisas separativas como planetas e coisas imaginárias como as paredes de um buraco existissem de verdade.

"Quando você cava um poço, pelo martelar a terra torna-se espaço no solo. Por exemplo, Ananda, quando um poço é cavado, o espaço se manifesta no limite do poço, e quando todos os dez quadrantes dos universos tornam-se vazios, o espaço da vacuidade é manifestado através de todos os universos também. Se o espaço da vacuidade tudo permeia com perfeição através dos dez quadrantes dos universos, onde então o espaço da vacuidade pode ser visto e localizado? Mas o mundo inteiro está em ignorância e aturdimento porque sempre se considerou o espaço da vacuidade como sendo manifestado por causas e condições como a remoção de objetos, como a retirada de terra de um buraco, ao passo que a natureza intrínseca do espaço esteve ali o tempo todo, a verdadeira iluminação, e a intuição da essência é a verdadeira vacuidade. A aparência de terra não oculta a vacuidade do espaço, a vacuidade do espaço não aniquila a aparência de terra. Você deveria observar com cuidado se o espaço sai de algum lugar oculto e suplicar: o que está oculto? – ou se chega vindo de algo visto do lado de fora, e já sabemos que a percepção da vista é falsa e fantástica! – ou se não sai nem entra?

"Ananda, você ignora que dentro do ventre do Tathagata o espaço e a essência da iluminação estão sempre em frescor e pureza, tudo permeando através dos universos dos fenômenos e sendo manifestado livre e perfeitamente em correspondência com a quantidade de carma acumulado pela atividade consciente dos seres sencientes.

"O espaço, a terra, a água, o fogo e o vento devem ser considerados como os cinco grandes elementos, cuja natureza essencial é perfeita e toda-em-unidade, e todos eles pertencentes ao ventre do Tathagata, e todos destituídos de mortes e renascimentos.

"Ananda, eu menciono o ventre do Tathagata e o Tathagata (Talidade-Tal-Como-É) para concentrar sua atenção no mistério luminoso e perfeito além de todas as nossas concepções e ensinamentos deploráveis. Mesmo enquanto falo a você sobre os tathagatas que para sempre residem além do vir e ir, do ensinar e não ensinar, minhas palavras são como um dedo apontando para a verdade e não devem ser tomadas como a verdade em si. A verdadeira essência, a verdade, por natureza permaneceu de fato não revelada devido à imaginação falsa da existência em si.

"A verdade só foi mencionada pelos budas porque, sendo uma explicação da servidão e da emancipação da figura de linguagem da 'existência', também é apenas uma figura de linguagem.

"A verdade, por assim dizer, é tão vasta que permite dizer que não existe verdade.

"Não existe nem verdade nem não verdade; existe apenas a essência. E quando intuímos a essência de tudo, chamamos isso de mente essencial.

"Ananda, o sexto grande elemento é a percepção. Pensamos nela como sendo percepção da visão, da audição, do olfato, do paladar, do tato, do pensamento, mas intrinsecamente é percepção una e pura por natureza.

"Os seis órgãos dos sentidos que parecem dividir a percepção em seis tipos são como seis nós que parecem dividir um lenço de seda em seis tipos de aparências nodosas, mas tão logo desfazemos os nós vemos que ainda é apenas um único lenço de seda, como uma única percepção pura, não importa quantos nós possam ter sido atados e desatados nele.

"Onde quer que haja olhos e a concepção arbitrária de luminosidade e escuridão e visões, ali surgirá a percepção da visão; assim como onde quer que pedras de fogo sejam atritadas, surgirá uma faísca de fogo.

"Onde quer que haja ouvidos e a concepção arbitrária de movimento e imobilidade e sons, ali surgirá a percepção de som.

"Onde quer que haja nariz e a concepção arbitrária de transmissibilidade e intransmissibilidade e cheiros, ali surgirá a percepção de olfato.

"Onde quer que haja língua e a concepção arbitrária de mutabilidade e imutabilidade e sabores, ali surgirá a percepção de paladar.

"Onde quer que haja corpo e a concepção arbitrária de contato e separação e toque, ali surgirá a percepção de tato.

"Onde quer que haja cérebro e a concepção arbitrária de aparição e desaparição e pensamentos, ali surgirá a percepção de pensamento.

"Como os outros grandes elementos, a percepção não tem seu local de origem em causas e condições e combinações, mas responde e obedece a elas e é conduzida através delas como que por um tubo; tampouco possui natureza própria, porque aparece apenas de maneira limitada, como, por exemplo, percepção do pensamento, que é limitada e impermanente.

"Mas a essência da percepção é perfeita e está em unidade com a essência vazia perfeita da terra, água, fogo, vento e espaço (as outras cinco) no ventre do Tathagata, destituída de renascimentos e mortes.

"A natureza intrínseca da percepção é a verdadeira vacuidade; a natureza intrínseca do espaço é a verdadeira essência da percepção.

"De onde vem a percepção e como ela permanece aqui? A percepção obedece e a percepção está por toda parte.

"O sétimo grande elemento é a consciência. Ananda, vamos olhar aquelas fontes e tanques no lindo Bosque de Jetavana, dado à irmandade pelo piedoso mercador Anathapindika. A consciência reside em tranquilidade, tudo permeando através dos mundos dos fenômenos e abarcando todos os dez quadrantes dos universos sem número, mas em contato com nossos olhos e fontes e tanques; satori aparece na forma de consciência da percepção da visão das fontes e tanques.

"Por que você ainda levanta questões sobre a localização da existência dela? A consciência obedece, e a consciência está em toda parte, pois para onde vai a consciência quando não há visões e pensamentos?

"Ananda, naturalmente você jamais soube que dentro do ventre do Tathagata a natureza essencial da consciência é luminosa e inteligente, ou seja: por exemplo, nem é consciente da percepção da visão da fonte e dos tanques nem não consciente; é consciente do Darma das coisas-nenhuma. Ananda, você vai dizer que aquela rocha e aquele tanque são duas coisas diferentes? Seria melhor que você dissesse que cada um deles é um buda, e que apenas precisamos de um buda porque todas as coisas são coisas-nenhuma, e portanto todas as coisas são budas. Esse é o conhecimento do diamante; todo o resto é conhecimento sobre marolas e balões. Essa intuição iluminada é sua verdadeira essência de consciência e é como a natureza intrínseca do espaço."

A seguir Ananda e toda a assembleia, tendo recebido essa maravilhosa e profunda instrução do Senhor Tathagata e tendo atingido um estado de acomodação perfeita da mente e emancipação perfeita da mente de todas as recordações, pensamento e desejos, tornaram-se perfeitamente livres tanto de corpo quanto de mente. Cada um deles entendeu claramente que a mente pode alcançar todos os dez quadrantes dos universos e que sua percepção da visão também pode alcançar os dez quadrantes. Isso ficou tão claro para eles como se fosse uma folha de grama em sua mão. Eles viram que todos os fenômenos mundanos nada mais eram que sua mente de iluminação maravilhosa, inteligente, original, os corpos físicos gerados por seus pais pareciam partículas de poeira sopradas pelo espaço aberto dos dez quadrantes dos universos. Quem repararia na existência deles? O corpo físico era como uma partícula de espuma flutuando por um vasto oceano sem rota, com nada de distintivo para indicar de onde vinha e, caso desaparecesse, para onde tinha ido. Eles perceberam muito claramente que haviam, enfim, obtido sua mente maravilhosa, uma mente que era permanente e indestrutível.

Por isso, toda a assembleia, com as palmas unidas em adoração, rendeu homenagem ao seu Senhor Buda com o maior respeito e sinceridade, como se tivessem percebido pela primeira vez seu valor transcendente.

A seguir cantaram juntos, louvando a glória de seu Senhor Tathagata e exprimindo devoção sincera a ele.

Buda concluiu a instrução dizendo: "Ananda, a respeito de seu próprio corpo, da maneira como você olha para ele, você fica aturdido ao ouvir que causas e condições atuando em combinação não são a causa nem deixam de ser a causa.

"Ananda, você não deve a aparência de seu corpo neste mundo nem ao sêmen de seu pai, nem ao ventre de sua mãe, nem ao alimento apenas; não deve a aparência de seu corpo a nada disso; se assim fosse, você não estaria aqui; nem deve a aparência de seu corpo a todos os três combinados – sêmen, ventre e alimento. Seu corpo deve a aparência àquilo que já estava esperando em tranquilidade e pureza e vacuidade, e que respondeu à ação do sêmen, ventre e alimento, e, se não fosse pela ação, não teria respondido e aparecido, mas teria permanecido como é na mente pura de iluminação. Seu corpo é apenas a prova de que, se o sêmen é colocado dentro de um ventre e recebe alimento, aparece um corpo. Por quê? Se o sêmen de seu pai não tivesse sido colocado no ventre de sua mãe e não fosse nutrido, nada teria aparecido, mas teria permanecido como é na mente de iluminação. Você diz que seu corpo deve sua aparência ao sêmen de seu pai? Como é que o sêmen dentro de um homem não gera uma criança? Deve sua aparência ao ventre de sua mãe? Então os ventres das mulheres gerariam corpos por toda parte e para sempre, em vez de ter que esperar pela inseminação, como é o caso. Deve sua aparência ao alimento? Então você poderia produzir corpos fornecendo alimento ao mar ou a um leito de pedras. Não deve sua aparência a nenhum deles? Sem sêmen, ventre e alimento seu corpo não teria aparecido. Deve sua aparência aos três juntos? A aparência do seu corpo deve-se aos sete grandes elementos que a combinação do nascimento induziu à atividade e dosou e transformou, mas esses elementos não se originam da combinação, mas além da combinação, em sua própria essência una e tranquila. Seu corpo é apenas um condutor de elementos misteriosos que existem por toda parte, que acomoda sua gênese e continuação com perfeição e responde dessa forma, mas os elementos em si são imperturbados e não nascidos e não passíveis de destruição quando o corpo é lançado na pira funerária e queimado.

"Um corpo prova apenas que a inseminação de uma mulher por um homem toma parte na aparição de corpos, ou seja, na atividade do renascimento, e o mistério é que o corpo é realmente produzido pela mente e realmente independente de sua própria corporeidade! É por isso que seu corpo, sendo uma mera figura de linguagem, não pode ser qualificado de existente ou não existente, nem de causado ou não causado, porque nenhuma discriminação desse tipo é sustentada pela mente essencial de iluminação, que está desperta além da concepção. Quando olho para seu corpo, percebo que é apenas uma flor visionária no vazio, que não possui sustentação na realidade. De onde vêm os elementos que dão corporeidade a seu corpo e como eles permanecem aqui? Ananda, eles vêm de toda parte; isso é um mar de mistério.

"Ananda, seu corpo é como um pensamento, é uma forma impermanente materializada por um período de tempo na essência permanente da mente. A essência do pensamento e a essência da mente são a mesma, naturalmente, mas a forma é apenas uma fantasia passageira que é completamente ignorada pela essência de onisciência da mente que chamamos de ventre do Tathagata para fins de ensinamento, não sendo considerada como existente nem não existente. Quem repararia nisso? – o produto sendo fútil como um espelho, Ananda?"

Os homens sagrados reunidos, cada um sentindo-se como um homem que houvesse herdado um palácio magnífico pela prodigalidade de um rei celestial, mas não pudesse tomar posse sem primeiro passar pela porta da iluminação para entrar na sala luminosa da sabedoria perfeita, algo difícil de se fazer, curvaram-se aos pés do grande Senhor e, com Ananda como seu porta-voz natural, rogaram-lhe por mais instrução sagrada a respeito do real ponto de partida para a devoção e a prática de disciplina, com certeza desejando cada um deles atingir a inteligência e insight do Senhor Buda.

Ananda concluiu dizendo: "Suplicamos a ti, meu nobre Senhor, para nos mostrar como podemos nos livrar de todas as condições enredantes e assim encorajar todos nós que ainda somos arhats praticantes a concentrar a mente no caminho correto".

O Abençoado, em tom de compaixão terna e contrita, colocando gentilmente a mão na cabeça de Ananda, respondeu: "Ananda, dentro de seu corpo há um elemento de dureza, de terra; há um elemento de fluidez, de água; há um elemento de calor, de fogo; há um elemento de respiração e movimento, o elemento de vento. O corpo está submisso a esses quatro grandes elementos, e esses quatro vínculos repartem sua mente tranquila, misteriosa, intuitiva, luminosa em divisões como as sensações e percepções da visão, audição, paladar, olfato e tato, e as subsequentes concepções e discriminações de pensamento, o que faz com que sua mente iluminada caia nas cinco contaminações correspondentes deste mundo maligno desde o início e continue a fazer isso até o fim.

"Quais são essas cinco contaminações, Ananda? Qual sua natureza? Considere a diferença entre a água pura e fresca da fonte e substâncias como poeira, cinzas e areia. Se elas se misturam, a água fica opaca e suja. É a mesma coisa com as cinco contaminações e a mente.

"Ananda, quando você olha o vasto espaço que se estende além do universo, a natureza do espaço e a natureza da percepção da visão não interferem uma na outra e, ao se misturarem, não existe uma linha fronteiriça para limitar a individualidade delas. Mas se existir apenas espaço vazio, sem sóis ou planetas nele, o espaço então perde a substancialidade. Ausência de objetos significa que não há uma concepção como o espaço. Além disso, a concepção de visão olhando o espaço sem nada para ver perde sua sensibilidade. Mas como existe esse falso fenômeno de duas concepções arbitrárias – sóis e planetas movendo-se no espaço e a falsa concepção de visão, entrelaçadas –, assim existem todas as incontáveis aparências falsas de diferenças nos universos.

"Como você não percebe clara e continuamente que tudo isso é uma alucinação feita de coisas da mente, rugas ignorantes em sua superfície, você segue sendo vítima da primeira contaminação da individuação, de 'aparentar' visão e percepção, que é a base da ignorância.

"Essa é a primeira contaminação, a contaminação da ignorância discriminadora.

"A seguir, tendo percebido a massa de fenômenos como sendo uma mixórdia de diferenças, seus processos de mente misturados aos processos de corpo se entrelaçam em imaginações falsas que são a segunda contaminação, quando você nota detalhes e desenvolve visões errôneas referentes às diferenças de forma, não percebendo que uma forma não é diferente de outra na substância. Existe alguma diferença entre a substância da luz e a substância da sombra?

"Essa é a segunda contaminação, a contaminação da forma.

"Mais uma vez, tendo desenvolvido uma noção de forma e detalhes de acordo com os processos de consciência dentro de sua mente, e incluindo sua intuição pura, você concebe um desejo ou aversão por essas diferentes formas.

"Essa é a terceira contaminação, a contaminação do desejo.

"Depois, tendo desenvolvido o desejo baseado na noção da forma discriminada, e repare como uma coisa leva a outra, você se agarra a essas coisas sem perceber que são ilusões objetivas. Sua mente está continuamente em processo de mudança da manhã à noite, e a cada vez que seus pensamentos mudam, você busca manifestá-los e perpetuá-los por algum tipo de atividade criativa no mundo terrestre. E a cada vez que suas ações, condicionadas por seu carma, tomam forma, também transformam vidas scenicientes. Essas imaginações falsas entrelaçadas levam os seres scenicientes a se agarrar às coisas que desejam. O desejo se passa por amigo, mas em segredo é um inimigo.

"Essa é a quarta contaminação, a contaminação do apego.

"Finalmente, suas percepções de visão, audição, tato, pensamento, olfato e paladar não diferem em sua natureza na pura essência da mente, e são mutuamente amoldadas, mas, quando colocadas em oposição umas às outras, revelando diferenças anormais, tornam-se mutuamente incompatíveis. Assim surgem conflitos internos e externos, que, embora imaginários e apenas-mente, levam ao cansaço, sofrimento, envelhecimento e decrepitude.

"Essa é a quinta contaminação, a contaminação da decrepitude, envelhecimento, doença e morte.

"Ananda, por que você sofre de decrepitude por se agarrar ao desejo por alguma forma que antes de mais nada você não deveria ter individuado?

"Ananda! Sempre que no curso da prática de meditação sagrada algum pensamento errante intrometer-se em sua mente tranquila, retroceda-o pelo crivo das cinco contaminações, veja-o claramente, inspecione seu efeito de decrepitude destruindo sua tranquilidade, tudo devido ao apego a ele, que é devido ao desejo, que é devido à forma, que é devida à ignorância discriminadora. E o mesmo com as paixões malignas quando surgirem em sua mente no estresse da ação, retroceda a paixão pelo crivo das cinco contaminações, pergunte a si mesmo: 'Ananda, por que você se permite cair em sofrimento e decrepitude por se apegar ao desejo de discriminar e se arrebata por essa forma que é apenas uma ideia imaginária na realidade?'

"Ananda! Se você deseja que suas percepções dos sentidos e entendimento consciente estejam em harmonia com a alegria permanente da pureza natural do Tathagata, deve primeiro arrancar essas raízes da morte e renascimento que foram plantadas de modo sub-reptício por esses cinco tipos de contaminações, isto é, as contaminações da ignorância discriminadora, da forma, do desejo, do apego, da decrepitude, e então começar a prática de concentração de sua atenção na mente pura e essencial de não morte e não renascimento.

"Sim, Ananda, sente-se em tranquilidade, debaixo de uma árvore ou onde quer que seja, e feche os olhos, e respire suave e serenamente, afrouxe o nó no estômago, relaxe, repouse, lembre-se da luz e pense: 'Essa é a mente pura e essencial de não morte e não renascimento, essa essência radiante é a realidade sagrada, tudo mais é um sonho.'

"Pois quando é realizado que não há nada que nasça, e nada que faleça, então não há como admitir ser e não ser, e a mente fica quieta. É por meio da quietude de mente que você é capaz de transmutar a mente falsa de morte e renascimento na clara mente intuitiva e, ao fazer isso, realizar a essência da mente primal, luminosa e intuitiva. Você deveria fazer disso seu ponto de partida para a prática.

"Se você deseja tranquilizar sua mente e restaurar a pureza original, deve proceder como se estivesse purificando um jarro de água barrenta. Primeiro deixa-se parado até os sedimentos se acomodarem no fundo, quando a água fica pura, o que corresponde ao estado de mente antes das cinco contaminações a terem agitado. Então você filtra cuidadosamente a água pura, que é o estado de mente após as cinco contaminações da ignorância, forma, desejo, apego e decrepitude terem sido completamente removidas. Quando a mente estiver tranquilizada e concentrada em unidade perfeita, então todas as coisas serão vistas não em separado, mas em sua unidade, onde não há lugar para a entrada de paixões malignas, o que está em plena conformidade com a pureza misteriosa e indescritível do nirvana.

"Ananda! Não pense nem por um momento que, porque os pensamentos acidentais e momentâneos são suprimidos, a mente também para.

"É como o som acidental e momentâneo do gongo quando bato nele; quando o som desaparece e há silêncio perfeito, sua capacidade de ouvir desapareceu?

"Não é correto dizer que, se seu pensamento é separado de condições arbitrárias como aparição e desaparição, morte e renascimento, a percepção do pensamento não tem mais sua natureza essencial.

"Todos os seres sencientes, desde tempos sem princípio, sempre ansiaram por visões e sons musicais belos e sensações bem-aventuradas e sabores requintados e fragrâncias adoráveis, enchendo sua mente pensante com um pensamento atrás do outro e fazendo com que esteja sempre ativa, acreditando que a mente deve ser usada, jamais percebendo que ela está além do uso, jamais percebendo que ela é por natureza pura, misteriosa, permanente e vazio divino; isso faz com que, em vez de seguir o caminho da permanência, sucumbam às cinco contaminações e sigam a corrente de mortes e renascimentos transitórios. Em consequência disso, há vida após vida, sempre recorrente e sempre cheia de contaminações, impermanência e sofrimento.

"Como muitos pássaros mortos no chão, Ananda, são essas vidas, essas formas. Seria o caso de perguntar se uma forma é prazerosa ou não?

"Ananda, se você apenas pudesse aprender a se libertar da escravidão das mortes e renascimentos e do medo da impermanência, e aprender a concentrar a mente em sua natureza verdadeira e permanente de permanência, que é uma atividade inconcebível que não tem nenhuma relação com tempo ou pressa porque pertence a Ele-que-Já-É-Bom (Sugata), então a luminosidade eterna iluminaria você, e desapareceriam todas as percepções individualizadas e discriminadas dos fenômenos objetivos, órgãos dos sentidos, imaginações falsas, eu e não eu, pois os fenômenos da mente-cérebro pensante são apenas coisas vazias e transitórias, as emoções diferenciadas de sua consciência mortal são apenas fenômenos passageiros. Se você consegue aprender a ignorar essas duas ilusões fundamentais – mortes e renascimentos e o medo da impermanência – e se mantém firme na permanência que o olho do Darma percebe, e que até agora você pensava ser uma visão instintiva trivial e irreal que não tinha lugar em um mundo agitado de fatos, mas que agora você vê como a única realidade verdadeira, sendo o resto um espetáculo de marionetes e corrida para cima e para baixo na montanha de Buda, então você não precisa ter medo do fracasso, Ananda, de fato medo nenhum de atingir a iluminação suprema e sagrada."

De repente pareceu que todas as árvores do Parque de Jeta e todas as ondas quebrando nas margens de seus lagos estavam cantando a música do Darma, e todos os raios de luminosidade entrecruzados eram como uma rede de esplendor cravejada de joias curvando-se sobre todos eles. Uma visão tão maravilhosa jamais havia sido imaginada pelos devotos sagrados reunidos, e aquilo manteve a todos em silêncio e reverência. Eles adentraram de modo involuntário na paz bem-aventurada do samádi de diamante, isto é, cada um ouviu imediatamente o intenso e misterioso estrondo do silêncio, toda a multidão de 1.233 pessoas, e sobre todos eles pareceu cair como que uma chuva gentil de pétalas delicadas de flores de lótus de diferentes cores – azul e carmim, amarelo e branco –, todas misturadas e refletidas no espaço aberto do céu em todos os matizes do espectro. Além disso, todas as diferenciações de montanhas na mente deles e de mares e rios e florestas do mundo de sofrimento saha mesclaram-se umas nas outras e se desvaneceram, deixando apenas a unidade adornada de flores do cosmos primal. No centro de tudo isso, sentado sobre um lótus puro, eles viram o Tathagata, o já-assim, a pérola e o pilar do mundo.

A seguir Manjusri dirigiu-se ao seu Senhor Buda, dizendo: "Senhor Abençoado! Desde que meu Senhor desceu dos reinos dos anjos para este mundo sofredor de reencarnação, ele muito nos ajudou com seu maravilhoso ensinamento luminoso. Primeiro recebemos o ensinamento por meio de nosso sentido da audição, mas quando estamos plenamente aptos a compreender o ensinamento, ele torna-se nosso por meio de uma faculdade transcendental de audição. Isso torna o despertar e aperfeiçoamento de uma faculdade transcendental de audição de grande importância para todo noviço. À medida que o desejo de atingir o samádi aprofunda-se na mente de qualquer discípulo, ele pode quase que certamente atingi-lo por meio do seu órgão transcendental da audição. De início, é apenas em certas ocasiões, ou em locais fechados, ou em vigílias sem brisa no meio da noite, quando todas as criaturas parecem adormecidas, e a profunda calada ressonante de silêncio enche o ouvido, que o noviço consegue concentrar sua atenção no som intrínseco da realidade, que é a ausência de som, a audição da vacuidade sublime. Ele a reconhece no mesmo instante como a audição eterna que segue em sua mente essencial e pura de não morte e não renascimento desde tempos sem princípio. Meu Senhor, no silêncio ele ouve um ensinamento que prossegue! Mais tarde, aprende a ouvi-lo em todos os lugares e sob todas as condições.

"Por muitas kalpas – tão numerosas quanto as partículas de areia no rio Ganges – Buda Avaloki-Tesvara, aquele que ouve e responde preces, o bodisatva da mais terna compaixão, manifestou o ensinamento sagrado sem palavras em todas as terras de buda dos dez quadrantes do universo e adquiriu poderes transcendentais de liberdade e destemor ilimitados e fez o voto de emancipar todos os seres sencientes de sua escravidão e sofrimento. Quão docemente misterioso é o som transcendental de Avaloki-Tesvara! É o puro som divino. É o murmúrio moderado da maré recuando. Seu som misterioso traz libertação e paz a todos os seres sencientes que clamam por ajuda em sua aflição; traz um senso de permanência àqueles que verdadeiramente buscam atingir a paz do nirvana.

"Enquanto me dirijo ao Senhor Tathagata, ele está ouvindo, ao mesmo tempo, o som transcendental de Avaloki-Tesvara. É como se, enquanto estamos em nosso calmo isolamento da prática de diana, viesse a nossos ouvidos o som do rufar de tambores e nossa mente, ouvindo os sons, ficasse imperturbada e tranquila; essa é a natureza da acomodação perfeita.

"O corpo desenvolve a sensação ao entrar em contato com alguma coisa, e a visão dos olhos é sustada pela opacidade dos objetos, e ocorre o mesmo com o sentido do olfato e do paladar, mas é diferente com a mente-cérebro discriminadora. Os pensamentos estão surgindo e se misturando e passando. Ao mesmo tempo ela está consciente dos sons na sala ao lado e dos sons que vêm de longe. Os outros sentidos não são tão refinados quanto o sentido da audição; a natureza da audição é a verdadeira realidade da passabilidade.

"A essência do som é sentida tanto no movimento quanto no silêncio; passa de existente a não existente. Quando não há som, se diz que não há audição, mas isso não significa que a audição tenha perdido seu estado de alerta. De fato: quando não há som, a audição fica mais alerta, e quando há som a natureza da audição é menos desenvolvida. Se qualquer discípulo consegue se libertar dessas duas ilusões de aparição e desaparição, isto é, de morte e renascimento, ele atingiu a verdadeira realidade da permanência.

"Mesmo em sonhos, quando todo pensamento aquietou-se, a natureza da audição ainda está alerta. É como um espelho da iluminação que transcende a mente pensante porque está além da esfera da consciência tanto do corpo quanto da mente. No mundo saha, a doutrina do som transcendental, intrínseco, pode se espalhar por toda parte, mas a classe dos seres sencientes permanece ignorante e indiferente quanto à sua própria audição intrínseca. Reagem apenas a sons fenomenais e são perturbados tanto por sons musicais quanto dissonantes.

"A despeito da memória maravilhosa, Ananda não foi capaz de evitar cair em um caminho maligno. Ele tem estado à deriva em um mar impiedoso. Mas, se ele apenas afastar a mente da correnteza de pensamentos, em breve poderá recobrar a sóbria sensatez da mente essencial. Ananda! Escute-me! Sempre confiei no ensinamento do Senhor Buda para me levar à indescritível alma do Darma do samádi de diamante. Ananda! Você buscou a doutrina secreta de todas as terras de buda sem primeiro atingir a emancipação dos desejos e intoxicações de suas próprias contaminações e apegos, e como resultado armazenou na memória um vasto acúmulo de conhecimento mundano e ergueu uma torre de falhas e equívocos.

"Você aprendeu os ensinamentos ouvindo as palavras do Senhor Buda e depois gravando-as na memória. Por que não aprende a partir de você mesmo, escutando o som do Darma intrínseco dentro de sua mente e a seguir praticando a reflexão a respeito dele? A percepção da audição transcendental não é desenvolvida por nenhum processo natural sob controle de sua própria vontade. Em algum momento, quando você está refletindo sobre sua audição transcendental, um som casual pode chamar sua atenção de repente e sua mente o separa e discrimina, e com isso é perturbada. Assim que você consegue ignorar o som fenomenal, a noção de um som transcendental cessa e você compreende sua audição intrínseca.

"Tão logo essa percepção sensorial única da audição retorna à sua originalidade e você entende com clareza sua falsidade, a mente compreende a falsidade de todas as percepções sensoriais e na mesma hora é emancipada da submissão à visão, à audição, ao olfato, ao paladar, ao tato e ao pensamento, pois todos são visões ilusórias e delusivas de irrealidade, e todos os três grandes reinos da existência são vistos como realmente são: flores imaginárias no ar.

"Tão logo a percepção enganosa da audição é emancipada, todos os fenômenos objetivos desaparecem e sua essência da mente intuitiva torna-se perfeitamente pura. Tão logo você tenha atingido a pureza suprema da essência da mente, sua luminosidade intrínseca brilhará espontaneamente e em todas as direções, e, enquanto você estiver sentado em tranquila meditação, a mente estará em perfeita conformidade com o espaço puro.

"Ananda! Quando você retornar ao mundo dos fenômenos, ele vai parecer uma visão em um sonho. E sua experiência com a donzela Pchiti vai parecer um sonho, e seu corpo vai perder a solidez e a permanência. Vai parecer que cada ser humano, masculino e feminino, é simplesmente uma manifestação de um boneco feita por um mágico habilidoso, que tem todas as atividades do boneco sob seu controle. Ou cada ser humano parecerá uma máquina automática que, uma vez ligada, segue por si mesma, mas, tão logo a máquina automática perde a força motriz, todas as atividades não apenas cessam, mas sua própria existência desaparece.

"Assim é com os seis órgãos dos sentidos, fundamentalmente dependentes de um espírito unificador e luminoso, mas que pela ignorância vieram a ser divididos em seis composições e conformidades semi-independentes. Caso um órgão se emancipe e retorne à sua originalidade, ele está tão intimamente unido aos outros em sua originalidade fundamental que todos os outros órgãos também cessarão suas atividades imediatamente. E todas as impurezas mundanas serão purificadas por um único pensamento e você atingirá a pureza maravilhosa da iluminação perfeita. Caso reste alguma ínfima contaminação de ignorância, você deve praticar com a máxima seriedade até atingir a iluminação perfeita, ou seja, a iluminação de um Tathagata.

"Todos os irmãos dessa grande assembleia, e você também, Ananda, deveriam reverter a percepção externa da audição e escutar internamente em busca do som perfeitamente unificado e intrínseco de sua essência da mente, pois, tão logo tenham atingido a acomodação perfeita, terão atingido a iluminação suprema.

"Esse é o único caminho para o nirvana, e foi seguido por todos os tathagatas do passado. Além disso, é o caminho para todos os bodisatvas-mahasattvas do presente e para todos do futuro caso esperem chegar à iluminação perfeita. Não só Avaloki-Tesvara atingiu a iluminação perfeita há muitas eras por esse caminho de ouro, mas no presente eu também sou um deles.

"Meu Senhor indagou quais meios eficazes cada um de nós empregou para seguir o nobre caminho para o nirvana. Eu presto testemunho de que os meios empregados por Avaloki-Tesvara são os mais eficazes para todos, visto que todos os outros meios devem ser sustentados e orientados pelos poderes transcendentais do Senhor Buda. Embora uma pessoa renuncie a todos os seus envolvimentos mundanos, não pode estar sempre praticando por esses vários meios; são meios especiais adequados para discípulos menores e maiores, mas para leigos esse método comum de concentrar a mente no sentido da audição, voltando-a para dentro pela porta do Darma para ouvir o som transcendental de sua mente essencial, é o mais viável e sábio.

"Oh Senhor Abençoado! Curvo-me diante do ventre intrínseco de meu Senhor Tathagata, que é imaculado e inefável em sua liberdade perfeita de todas as contaminações e nódoas, e rezo a meu Senhor para que estenda sua compaixão ilimitada para o bem de todos os futuros discípulos, de modo que eu possa continuar a ensinar Ananda e todos os seres sencientes desse kalpa atual a ter fé nessa maravilhosa porta do Darma para a audição intrínseca de sua própria essência da mente, que por certo se atinge por esse meio muitíssimo eficaz. Se qualquer discípulo simplesmente adotasse esse meio intuitivo para concentrar sua mente na prática de diana no órgão da audição transcendental, todos os outros órgãos dos sentidos logo estariam em perfeita harmonia com ele, e assim, pelo expediente único da audição intrínseca, ele atingiria a acomodação perfeita de sua mente essencial e verdadeira que não se extingue."

Então Ananda e toda a assembleia foram purificados em corpo e mente. Adquiriram um entendimento profundo e um insight claro sobre a natureza da iluminação do Senhor Buda e a experiência do mais elevado êxtase da meditação samádi. Tiveram a confiança de um homem que estivesse prestes a partir para um país distante em um negócio muito importante, pois conheciam a rota para ir e voltar. Todos os discípulos daquela grande assembleia compreenderam sua própria essência da mente e se propuseram a viver dali em diante afastados de todos os embaraços e máculas mundanos, vivendo continuamente na luminosidade pura do olho do Darma.

Então, para concluir, o Senhor Buda aconselhou as seguintes regras de disciplina para aqueles que muito seguramente desejem atingir o estágio de grande ser sábio (bodisatva--mahasattva) nessa vida.

1. Concentrar a mente
2. Manter os preceitos
3. Praticar diana

"Concentrar a mente" significa manter-se sábio e puro continuamente, para ver as coisas como elas são e não ser logrado a acreditar em suas respectivas "realidades", e assim parar de se apegar a elas. É como um homem que acorda no meio da noite para a verdade suprema e final e sacode a cabeça satisfeito dizendo: "Tudo é a mesma coisa". Ele acorda de um sono sem sonhos de vazio perfeito e unificado no qual não havia uma concepção de "unificação perfeita" e vê que todas as coisas criadas são o mesmo que vacuidade, são manifestações superficiais em um mar perfeitamente vazio de realidade única, não são partes individuadas, mas um estado-de-ser total, tudo a mesma coisa.

"Manter os preceitos" significa aderir estritamente às quatro regras principais de pureza, de modo que, ao fazer isso, o discípulo, ficando livre de intoxicantes, torna-se livre do sofrimento e, portanto, livre do sangsara e de todas suas concepções poluentes, tristonhas, ilusórias de morte e renascimento. Os preceitos são baseados em bondade para com todas as criaturas vivas e são autopurificantes. "Ó monge, esvazie esse barco!!! Se esvaziado, andará rápido; tendo extirpado a paixão e o ódio, tu irás para o nirvana."

Os quatro preceitos são:

1. Desperte, cesse a luxúria sexual, luxúria sexual leva à multiplicidade e briga e sofrimento.

2. Desperte, cesse a tendência à grosseria em relação aos outros, grosseria é a assassina da vida de sabedoria.
3. Desperte, cesse a cobiça e o furto, você deveria olhar seu próprio corpo não como sendo seu, mas como sendo uno com os corpos de todos os outros seres sencientes.
4. Desperte, cesse a falta de sinceridade e a mentira secretas, não deveria haver falsidade em sua vida, não há como esconder nada em uma gota de orvalho despedaçada.

"Praticar diana" significa tornar a meditação em transe sagrado uma prática regular, de modo a atingir o êxtase da meditação samádi e as graças e poderes espirituais do samapatti, que são os estados de libertação deste mundo sangsárico conforme assinalado por todos os poderosos despertos do passado, do presente e por vir.

Quando o Senhor Buda terminou sua instrução, registrada no Surangama Sutra, houve grande regozijo no coração de todos aqueles presentes, bhikshus e bhikshunis, discípulos leigos de ambos os sexos, grandes seres sábios, budas praticantes, santos, arhats e reis poderosos recém-convertidos. Todos renderam sincera e humilde homenagem a Buda e partiram com corações agradecidos e alegres.

Devadatta tornou-se notório nos dias subsequentes por tentar fundar uma nova seita com regras mais severas e estritas que as prescritas por Buda. Ele adquiriu grande habilidade em magia do tipo mundano, inclusive hipnotismo. Praticou isso com o jovem príncipe Ajatasutru, filho do pio Bimbisara, levando-o à determinação de assassinar o pai. Tornando-se rei de Magadha, Ajatasutru fez construir um mosteiro especial para Devadatta. Devadatta teve êxito em induzir o novo rei a ajudá-lo a expulsar Gautama da liderança da irmandade da Sangha, alegando que a velhice havia subjugado o Abençoado.

Buda, ignorando essa tolice, disse do sobrinho: "Ele é como alguém que tenta poluir o oceano com um jarro de veneno".

Vendo que seu complô para arrancar o poder do Abençoado havia fracassado, e sem perceber que o Abençoado não pensava em termos de "poder" ou "fraqueza", Devadatta foi adiante tramando contra sua vida. Bandos de assassinos foram organizados para matar o Senhor, mas converteram-se assim que o viram e escutaram sua pregação, conquistados por sua postura amorosa e digna. A rocha arremessada do morro de Gridhrakuta para atingir o mestre partiu-se em duas, e por sorte ambos os pedaços passaram por ele sem causar muito dano. Um elefante embriagado foi solto na estrada real na mesma hora em que o Abençoado vinha pelo caminho; o gigantesco animal selvagem e rancoroso, avistando Buda, foi ao encontro dele na mesma hora e, curvando-se, ficou dócil em sua presença, pois, como São Francisco de Assis, o Abençoado tinha um estranho poder sobre os animais. O mestre afagou a cabeça da besta com mão de lótus, sereno como a lua que ilumina uma nuvem que passa, e disse:

"O elefantinho derruba a floresta espinhosa, e tratando bem dele sabemos que pode beneficiar os homens; mas a nuvem que remove a dor da velhice do elefante, essa ninguém pode trazer. Você, engolido por um lamaçal de dor! Se não largar disso agora, a luxúria, a raiva e a delusão vão aumentar ainda mais e crescer."

> O elefante chamado Dhanapalaka, suas têmporas a martelar
> com vitalidade mordaz, e que é difícil de controlar,
> não come um bocado quando contido; o elefante anseia
> pelo bosque dos elefantes.
>
> DARMAPADA

A seus discípulos Buda disse: "Aguentei abusos em silêncio, como o elefante suporta na batalha a flecha lançada pelo arco, pois o mundo é maldoso. Conduzem um elefante domado para a batalha, o rei monta um elefante domado, entre os homens o melhor é o domado, aquele que aguenta abusos em silêncio. Mulas são boas se domadas, e nobres cavalos sindhus, e elefantes com grandes presas; mas aquele que doma a si mesmo é ainda melhor."

Desse modo, o Abençoado tinha a mesma disposição em relação a Devadatta, o conspirador, e Rahula, seu valioso filho. Devadatta era considerado pelos membros da ordem como um típico "tolo". Cada bhikshu iluminado entendia e acreditava que Devadatta voltaria como um buda, sabendo que todas as coisas são o mesmo na realidade suprema de <u>anuttara-samyak-sambodhi</u> (sabedoria perfeita mais elevada).

O jovem rei Ajatasutru, vendo o melancólico fracasso de seu tolo herói herético, sofrendo imensamente com crises de consciência, buscou paz para sua aflição indo até o Abençoado e aprendendo o caminho da salvação.

O ciúme surgiu no coração de outros líderes hereges devido à imensa popularidade do mestre e às dádivas que devotos leigos concediam aos discípulos de Buda. Esses líderes tentaram arrastar a reputação do Abençoado para a lama e desacreditá-lo aos olhos das pessoas. Uma falsa monja pertencente a uma seita herege foi persuadida a acusar o Abençoado de adultério diante de toda a assembleia. A mentira deslavada de Chincha foi exposta. Os hereges fizeram outra tentativa de arruinar o mestre com calúnia. Pediram a uma mulher chamada Sundari que espalhasse o boato de que havia passado a noite no quarto do Professor. Essa difamação também foi rechaçada, mas enquanto isso os conspiradores fizeram Sundari ser assassinada por um bando de bêbados subornados para esse objetivo. Os tolos malévolos jogaram o corpo em arbustos perto do mosteiro do Parque de Jeta. Os hereges queriam que parecesse uma tentativa da parte dos seguidores de Gautama de encobrir um escândalo e que eles haviam perdido a cabeça ao tentar fazer isso. Em consequência ergueu-se um clamor exigindo a tomada de medidas legais contra o Senhor Buda. Mas os assassinos bêbados desentenderam-se e começaram a brigar na taverna, acusando uns aos outros, e desse modo o segredo vazou. Eles foram presos naquela noite e levados ao tribunal do rei. Interrogados, admitiram a culpa e revelaram os nomes dos contratantes. Em outra ocasião ainda, Narasu registra: "Os hereges instigaram Srigupta a tirar a vida do mestre envenenando sua comida e o conduzindo para dentro de um fosso de fogo, mas por piedade e perdão sereno o sagrado salvou Srigupta do rancor e do crime e mostrou como a misericórdia conquista até mesmo um inimigo, e assim ensinou a lei do perdão sublime, libertando seus seguidores dos inimigos do mundo."

Exultantes e crentes, percebendo a serenidade, a seriedade moral, a doce sensatez do mestre, mais e mais discípulos juntavam-se à irmandade. De seus doze grandes discípulos, quinhentos anos antes de Cristo e seus doze, o Abençoado disse: "Salvem em minha religião os doze grandes discípulos, que, sendo bons, animam o mundo e o liberam da indiferença, e não devem ser julgados."

Certo dia, quando estava no distrito do sul, Buda visitou a aldeia brâmane de Ekanala. Um rico brâmane de bengala na mão inspecionava seus trabalhadores, que suavam com os bois no campo. Com a tigela de esmolar na mão, Buda aproximou-se calmamente do atormentado e irritante proprietário rural. Alguns dos humildes trabalhadores foram até o Abençoado e prestaram homenagem com as palmas unidas, mas o milionário ficou aborrecido e repreendeu o Sagrado com estas palavras: "Ó você, o quieto, eu aro e semeio e, tendo arado e semeado, eu como; seria melhor se você fizesse de maneira semelhante e arasse e semeasse, e então também teria alimento para comer".

"Ó brâmane", replicou o Abençoado, "eu também aro e semeio e, tendo arado e semeado, eu como."

"Mas", disse o brâmane, "se você é um agricultor, onde estão os sinais disso? Onde estão seus bois, a semente e o arado?"

O Professor então respondeu: "Fé é a semente que eu semeio; devoção é a chuva que a fertiliza; modéstia é o cabo do arado; a mente é a corda da canga; a atenção mental é a relha do arado e o aguilhão. Honestidade é o meio de atar; ternura, de desamarrar. Energia é minha equipe e meus bois. É assim que se realiza essa aração, destruindo-se as ervas daninhas da delusão. A safra que colho é o fruto ambrosíaco do nirvana, e por essa labuta toda dor chega ao fim."

Com isso, o brâmane, ignorando o serviçal parado a seu lado, despejou ele mesmo leite de arroz em uma tigela dourada e a entregou ao Senhor Buda dizendo: "Come, Ó Gautama, o leite de arroz. De fato, tu és um lavrador; pois tu, Gautama, executaste uma aração que produz o fruto da imortalidade."

Aos devotos reunidos do clã dos príncipes de Likkhavi o Abençoado disse: "Para obter o resultado da sabedoria, primeiro descartem qualquer base do 'eu'; esse pensamento do 'eu' anuvia toda a meta elevada, assim como as cinzas escondem o fogo, no qual se queima o pé ao pisar.

"Orgulho e indiferença cobrem o coração também, assim como o sol é obscurecido por nuvens carregadas; pensamentos arrogantes desenraízam toda modéstia da mente, e a dor exaure a vontade mais forte.

"Assim como sou um conquistador entre conquistadores, aquele que conquista o 'eu' é uno comigo.

"Aquele que pouco se importa em conquistar o 'eu' não passa de um mestre tolo; a beleza das coisas terrenas, renome de família e coisas assim são todas completamente inconstantes, e o que é cambiante não pode oferecer o descanso da pausa.

"Uma vez produzida, a apreensão correta libera na mesma hora do desejo cobiçoso surgido do 'eu', pois uma falsa estimativa de excelência produz um desejo cobiçoso de se exceder, enquanto uma falsa visão de demérito produz raiva e arrependimento, mas, destruída a ideia de excelência e também a de inferioridade, o desejo de se exceder e também a raiva são destruídos.

"Raiva! Como ela muda o rosto gracioso, como destrói o encanto da beleza!"

Assim como uma serpente subjugada por encantamentos brilha com a pele cintilante, os guerreiros de Likkhavi foram abrandados pelas palavras do Abençoado e prosperaram em paz em seu vale adorável. Encontraram alegria na quietude e no isolamento, meditando apenas sobre a verdade religiosa.

"Que monge, ó monges, contribui para a glória do Bosque de Gosinga?", disse Buda para Sariputra, para Maudgalyayana, para Ananda, para Anuruddha, para Revata e para Kasyapa em uma noite límpida bafejada por fragrâncias no bosque celestial. "É o monge, ó monges, que, tendo retornado de sua ronda de esmola e feito sua refeição, senta-se sobre as pernas cruzadas, corpo ereto, e se transporta a um estado de serenidade: 'Não vou me erguer deste lugar', ele resolve dentro de si, 'até que, livre do apego, minha mente atinja a libertação de todo veneno'. Esse é o monge, ó monges, que contribui de verdade para a glória do Bosque de Gosinga."

A verdade é mais velha que o mundo, mais pesada que a história, uma perda maior que o sangue, uma dádiva maior que o pão.

Em seu 80º ano como Buda Nirmanakaya, caminhando sobre o terraço da terra, e não obstante um fantasma espiritual na base divina como todos nós, de repente ele disse: "O tempo de minha liberação completa está próximo, mas deixe que se passem três meses, e atingirei o nirvana".

Sentado embaixo de uma árvore, no mesmo instante o Tathagata perdeu-se em êxtase, e de bom grado rejeitou os anos que lhe cabiam, e por seu poder espiritual fixou o prazo restante de sua vida.

Saindo do êxtase, Buda anunciou para todo o mundo:

"Desisti de meus anos finais: daqui em diante vivo pelo poder da fé; meu corpo é como uma carruagem quebrada, sem mais causas para 'vir' ou para 'ir', completamente livre da terra, céu e inferno, sigo alforriado, como uma galinha livre de seu ovo.

"Ananda! Fixei o fim de minha vida para daqui a três meses, abro mão por completo do resto de vida; é por esse motivo que a terra está muito abalada."

Ananda gritou: "Tenha piedade! Salve-me, mestre! não pereça tão cedo!"

O Abençoado replicou: "Se os homens apenas conhecessem sua natureza, não viveriam em dor. Tudo o que vive, o que quer que seja, está sujeito à lei da destruição; eu já lhe falei claramente: a lei das coisas 'ajuntadas' é a 'separação'."

E, enquanto Ananda chorava no bosque escuro, o Abençoado falou-lhe estas tristes palavras verdadeiras:

"Se as coisas ao nosso redor pudessem ser mantidas para sempre, e não fossem passíveis de mudança ou separação, então isso seria a salvação! Onde isso pode ser buscado?

"Aquilo que todos vocês podem atingir eu já lhes disse, e digo até o fim.

"Existe amor no centro de todas as coisas, e todas as coisas são a mesma coisa. Svaha! Estou decidido, busco o descanso. A única coisa necessária foi feita, e foi feita há muito tempo.

"Adoração a todos os tathagatas, sugatas, budas, perfeitos em sabedoria e compaixão, que efetivaram, estão efetivando e vão efetivar todos essas palavras de mistério. Que assim seja!

"Ananda, prepare calmamente um lugar sossegado, não se deixe levar pelo modo de pensar dos outros, não faça concessões para concordar com a ignorância dos outros, siga sozinho, faça da solidão o seu paraíso; a irmandade dos olhos gentis, os tranquilos devotos do bem de alma purificada, irão apoiá-lo.

"A mente familiarizada com a lei da criação, estabilidade e destruição reconhece como as coisas seguem-se ou se sucedem umas às outras repetidamente sem durar. O homem sábio vê que não existe base sobre a qual construir a ideia do 'eu'.

"O homem sábio não tem relação com a forma antes de seu nascimento, não tem relação com a forma agora, não terá relação com a forma depois que morrer, livre de pensamentos ansiosos sobre relacionamentos. E como ele vai morrer, sabendo que o ser e não ser de sua forma são o mesmo?

"Ananda, não chore. Meu propósito é dar fim à repetição do nascimento da forma. Instáveis, improfícuas, sem marcas de longa durabilidade, sendo sopradas e mudando constantemente e agoniadas por restrição e inquietação, todas as coisas estão em algum tipo de tormento por causa da forma.

"Sem alívio, todas as coisas que são formadas chegam à decadência final.

"Receba a lei enquanto ela explica a si mesma."

Para os Likkhavis de Vaisali que chegaram com rostos aflitos após ficar sabendo de sua decisão de morrer, o Abençoado disse: "Nos tempos antigos dos reis rishis, Rishi Vasistha, Mandhatri, os monarcas Kakravartin e os demais, esses e todos os outros como eles, os antigos conquistadores, que viveram com vigor como Isvara (Deus), todos pereceram há muito tempo, não restou ninguém até hoje; o sol e a lua, o próprio Sakra e a grande infinidade de seus serviçais irão todos, sem exceção, perecer; não existe um único que possa durar por muito tempo; todos os budas de eras passadas, numerosos como as areias do Ganges, que com sua sabedoria iluminaram o mundo, apagaram-se como uma lamparina; todos os budas ainda por vir perecerão da mesma maneira; por que então eu haveria de ser diferente?

"Eu também entrarei no nirvana; mas, assim como eles prepararam outros para a salvação, vocês devem agora apressar-se no caminho, Vaisali pode de fato ficar contente se vocês encontrarem o caminho para o repouso!

"Na verdade, o mundo é vazio de auxílio, os 'três mundos' não bastam para a alegria – detenham então o curso da dor gerando um coração sem desejo.

"Desistam para sempre da longa e irregular estrada da vida, apressem-se pela trilha do norte, avancem passo a passo ao longo da rota ascendente, enquanto o sol costeia as montanhas do oeste."

Em sua última turnê de pregação o mestre foi à cidade de Pava e lá, na casa de Chunda, o ferreiro, fez seu último repasto. O Abençoado viu que a carne de porco oferecida por Chunda não prestava para comer e estava muito estragada; <u>sukaramaddava</u>, verificou-se, um tipo de trufa venenosa; ele aconselhou os monges a não tocá-la e, de acordo com a regra budista de aceitar todas as esmolas dos fiéis, não importa quão pobres e humildes, ele comeu. Depois ficou mortalmente enfermo de disenteria e deslocou-se para Kusinagara, na região leste do Terai nepalês.

Para Ananda ele disse: "Entre aquelas árvores gêmeas, majestosas e lustrosas, limpe um espaço e então coloque minha esteira de sentar. Ao chegar a meia-noite, morrerei.

"Vá! Diga às pessoas: é chegado o tempo de minha morte; eles, os Mallas deste distrito, se não me virem, vão se lamentar para sempre e sofrer de grande pesar."

Ele advertiu os discípulos para jamais acusarem Chunda, o ferreiro, de ser responsável por sua morte, mas sim louvá-lo por ter trazido o nirvana para perto do líder dos homens.

Aos Mallas que chegaram em prantos ele disse: "Não se aflijam! O tempo é de alegria! Não há motivo para dor ou angústia aqui; aquilo que almejei por eras agora estou prestes a obter; liberto dos estreitos limites dos sentidos, deixo essas coisas, terra, água, fogo e ar, para repousar a salvo onde nem nascimento nem morte podem chegar.

"Lá, eternamente liberado do pesar! Oh! Digam-me! Por que eu deveria estar pesaroso?

"Antigamente, no monte de Sirsha, ansiava por me livrar desse corpo, mas para cumprir meu destino permaneci até agora com os homens no mundo: mantive esse corpo enfermiço, caindo aos pedaços, como quem reside com uma cobra venenosa; mas agora cheguei ao grande local de repouso, todas as fontes de dor agora cessaram para sempre.

"Não mais haverei de receber um corpo, toda dor futura agora extinta para sempre; não é apropriado que vocês, por minha causa, encorajem qualquer pensamento ansioso.

"Um homem doente dependendo do poder curativo do remédio livra-se de todas as enfermidades facilmente sem olhar para o médico.

"Aquele que não faz o que eu ordeno me vê em vão, e isso não traz nenhum proveito; ao passo que aquele que mora longe de onde estou, mas anda de modo correto, está sempre perto de mim!

"Guardem seu coração com cuidado – não deem espaço para a apatia! Pratiquem cada boa ação com sinceridade. O homem nascido no mundo é pressionado por todas as dores de uma longa trajetória, incessantemente agitado – sem um momento de descanso, como qualquer lamparina soprada pelo vento!"

Em seus últimos instantes o Abençoado recebeu o monge Subhadra, um herege, mostrou-lhe que o mundo é produzido por causas e que pela destruição das causas há um fim, uma retirada, explicou-lhe o nobre caminho óctuplo, e o converteu à fé verdadeira da irmandade dos brandos e amáveis e tristes, anunciando: "Esse meu último discípulo atingiu o nirvana agora, saúdem-no da forma adequada".

O Abençoado deu suas instruções finais sob as árvores, sentado, enquanto Ananda, fora de si em desespero, ansiava por colocar a frágil e triste cabeça de seu Senhor no colo para ampará-lo e protegê-lo da indecência estúpida da dor na hora da morte.

O Senhor Buda disse: "Mantenham o corpo temperado, comam na hora certa; não recebam nenhuma missão de intermediário; não preparem poções mágicas; abominem a dissimulação; sigam a doutrina correta e sejam bondosos com tudo o que vive; recebam com moderação o que é dado: recebam, mas não armazenem; são esses, em resumo, os preceitos que professei.

"Cultuem a boa vontade, pois aqueles que fazem o bem gentis e esperançosos são os que me prestam maior honra e mais me agradam.

"Assim como no último mês de chuva no outono, quando o céu é límpido e as nuvens se foram, o grande sol galga a abóbada celeste, permeando todo o espaço com sua radiância, do mesmo modo a boa vontade cintila radiante acima de todas as outras virtudes; sim, ela é como a estrela da manhã.

"O ser sombrio repugnante que reside no coração, o recém-desperto desencanta e bane.

"Não deem espaço para a raiva ou palavras ruins contra os homens no poder. Raiva e ódio destroem a verdadeira lei e destroem a dignidade e a beleza do corpo.

"Assim como o mangusto imune ao veneno de cobra, o monge vive em meio à raiva e ao ódio com coração terno.

"A partir do 'desejar-pouco' achamos o caminho para a verdadeira libertação; desejando a liberdade verdadeira devemos praticar o contentamento de 'saber-o-bastante'. Pois o rico e o pobre igualmente, tendo contentamento, desfrutam do repouso perpétuo.

"Não se tornem insaciáveis em suas exigências, reunindo com isso dor crescente na longa noite da vida. Muitos dependentes são como as muitas amarras que nos prendem; sem essa sabedoria, a mente é pobre e insincera.

"Sempre e continuamente os indivíduos deploráveis e amedrontados são engolidos pela morte, trocando de sonhos miraculosamente, retornando em nova pele ignorante de bebês; como árvores – braços, peso, paz turva.

"Pobres desgraçados, deficientes em sabedoria e conduta, decaídos no remoinho mundano, retidos em lugares lúgubres, mergulhados em aflição incessantemente renovada. Presos como são pelo desejo, como o iaque por sua cauda, continuamente cegados pelo prazer sensual, não buscam Buda, o poderoso; não buscam a lei que conduz ao fim da dor.

"Ouvir minhas palavras e não obedecê-las com cuidado, isso não é falta daquele que fala."

Perto da meia-noite, no silêncio do pesar fraterno, o Abençoado disse aos discípulos: "Talvez seja por reverência ao professor que vocês guardam silêncio: vamos então falar de amigo para amigo".

Anuruddha avançou e disse: "Ó Abençoado, que ultrapassou o mar de nascimento e morte, sem desejo, sem nada a buscar, nós apenas sabemos o quanto amamos e, mortificados, perguntamos por que Buda morre tão depressa".

E: "Ó, meu coração junta-se ao dele!", gritou Pingiya.

O honrado irmão mais velho da humanidade disse: "O que vocês acham, irmãos? O que é maior: as enxurradas de lágrimas que, chorando e se lamuriando, vocês verteram por esse longo caminho, sempre apressando-se outra vez rumo a novo nascimento e nova morte, unidos ao indesejado, separados do desejado, isso, ou as águas dos quatro grandes mares?

"Por muito tempo, irmãos, vocês sofreram a morte de uma mãe, a morte de um pai, a morte de um filho, a morte de uma filha, a morte de irmãos e irmãs, a perda de bens, dores cruciantes da doença.

"Há alguns cujos olhos estão apenas um pouco obscurecidos pela poeira, e eles vão perceber a verdade.

"Assim como um pássaro que os marinheiros soltaram para buscar a terra volta quando fracassa em encontrá-la, tendo fracassado em encontrar a verdade vocês voltaram para mim.

"Assim como o amor de uma mãe que não pensa em si envolve e acaricia seu único filho, deixem agora sua compaixão deslocar-se pelo mundo e cobrir a todos.

"Até ladrões vamos permear com o fluxo de pensamento amoroso infalível, e a partir deles prosseguir, envolver e permear todo o vasto mundo com pensamentos constantes de bondade amorosa, amplos, expansivos, plenos de aprovação divina, alegremente livres de inimizade, livres de todo medo desconfiado. Sim, é verdade; assim, meus discípulos, assim vocês devem se instruir.

"Tendo chegado à margem mais distante e alcançado o nirvana, vocês não guiam os outros para a segurança dele?"

Ananda ergueu-se e cantou esta canção lamentosa:

"Por vinte e cinco anos ao Exaltado
Eu atendi, servindo-o com pensamentos amorosos
E como sua sombra segui atrás dele.
Quando Buda seguia a passo para cima & para baixo,
Atrás dele eu sempre mantinha o passo;
E, quando a lei era ensinada,
Em mim o conhecimento crescia & o entendimento.
Mas ó, ele morre, agora ele morre!
E eu ainda sou alguém com trabalho a fazer,
Um aprendiz com uma mente ainda não amadurecida,
A flor de minha piedade ainda não se abriu
E agora o mestre parte meu coração & morre,
Ele, o Sagrado, o Desperto perfeito em sabedoria & compaixão,
Ele, o treinador incomparável dos homens,
Ele, a estrela da manhã,

Pombo branco do amor
e cordeiro mamão
Ele, leite da chuva e piedade transcendental, a carruagem sem
 mácula,
Branco, a criança, o rei do lótus, o anjo em nossa mente,
Ele morre, ó agora ele morre
E me deixa em obscuridade mortal na inimaginável lumino-
 sidade do vazio!"

Cercando o bosque de Sala estavam os monges mais jovens e os leigos que haviam compreendido que o que aquele homem ensinava não era apenas uma verdade, mas a própria esperança de salvação, porque pela primeira vez haviam reconhecido nas palavras dele, que expressavam a confiança radiante de sua descoberta, a verdade que faz dos escravos homens livres, e das castas e classes, irmandade. Mas agora, devido à aproximação da morte da forma temporária do corpo dele, estavam amedrontados, como cordeiros apavorados pela audácia do leão ignorante da morte.

A eles e a Ananda, para sossegar e purificar suas mentes, Buda disse: "No começo as coisas eram fixas, no fim separam-se de novo; diferentes combinações geram outras substâncias, pois não existe princípio uniforme e constante na natureza. Mas quando todos os propósitos mútuos são satisfeitos, o que caos e criação hão então de fazer! Deuses e homens devem ser salvos igualmente, todos devem ser completamente salvos! Pois bem! Meus seguidores, que conhecem tão bem a lei perfeita, lembrem-se! O fim deve chegar; não deem espaço para a dor mais uma vez.

"Usem com diligência os meios designados; almejem atingir a casa onde a separação não pode chegar; eu acendi a lamparina da sabedoria, seus raios sozinhos não podem espantar a escuridão que envolve o mundo. O mundo não é fixo para sempre! Vocês deveriam, portanto, se rejubilar! É como no caso de um amigo penosamente afligido que, curada a sua doença, escapa da dor. Pois eu deixei de lado esse vaso doloroso, estanquei o fluxo do mar de nascimento e morte, agora estou livre para sempre da dor! Por causa disso vocês deveriam exultar de alegria!

"Agora cuidem-se bem, não deixem que haja desleixo! Tudo aquilo que existe retornará ao nada!

"E agora eu morro.

"Daqui em diante minhas palavras estão encerradas; esta é minha última instrução."

Entrando no êxtase do samádi da primeira meditação diana, ele seguiu sucessivamente através de todos os nove dianas em ordem direta; então voltou em ordem inversa e entrou no primeiro, e do primeiro elevou-se e entrou no quarto diana, o diana sem alegria nem sofrimento, totalmente puro e igual, a essência original, eterna e perfeita da mente. Deixando o estado do êxtase de samádi, sua alma sem um local de repouso, sem demora ele alcançou o parinirvana, a extinção completa da forma após ter morrido.

A lua empalideceu, o rio soluçou, uma brisa mental curvou as árvores para baixo.

Como o grande elefante despojado de suas presas, ou como o touro líder espoliado de seus chifres, ou o céu sem o sol e a lua, ou como o lírio abatido pelo granizo, assim o mundo ficou consternado quando Buda morreu.

Apenas no nirvana existe alegria, proporcionando a fuga duradoura, pois para se escapar da prisão é que a prisão foi feita.

O cetro de diamante da inconstância pode derrubar a montanha da lua, mas apenas a cortina de diamante do Tathagata, a cortina de ferro da mente, pode sobrepujar a inconstância! O longo sono, o fim de tudo, o caminho silencioso, pacífico, é o prêmio maior dos sábios e dos heróis e dos santos.

Suportando voluntariamente infinitas provações através de inumeráveis eras e nascimentos, ele pôde liberar a humanidade e tudo o que é vida, indo adiante pelo caminho certo para entrar no nirvana e se lançando repetidamente na corrente da vida e destino do sangsara com o único propósito de ensinar o caminho da liberação da dor e do sofrimento; esse é Buda, que é tudo e todos, Aremideia, a luz do mundo; o Tathagata, Maitreya, o herói que chega, o andarilho do terraço da terra, aquele sentado sob as árvores, persistente, enérgico, intensamente humano, o grande ser de sabedoria e piedade e ternura.

A nobre e superlativa lei de Buda deve receber a adoração do mundo.

FIM

lepmeditores
www.lpm.com.br
o site que conta tudo

IMPRESSÃO:

PALLOTTI
GRÁFICA

Santa Maria - RS | Fone: (55) 3220.4500
www.graficapallotti.com.br